2021年·华东政法大学博士精品文库

数罪并罚制度理论与实践新论

张俊英　著

上海人民出版社

总　序

　　我们组织"华政博士精品文库"丛书,每年遴选若干部优秀博士学位论文出版,以期助推博士生学术发展,鼓励博士生精心治学。我们希望"华政博士精品文库"能够像一川清流,如一缕烛光,展现新时期学术青年的深思与创造,为我国的法学研究和法治实践事业注入自己的理想与力量! 可以这样说,文库的每一本著作都满含着博士们的追求、志向与期望。这种志气和期望,体现着青年学子对我们国家法治建设的期许和信心,是博士们品德修养和科研底蕴的展现。他们将这种底蕴和情怀幻化为一种博大的向往,包含着对法治和真理的不懈追求,并将其内化为一种既定的生活方式。正如彼得·德恩里科所说:"每个人都有一个博大的襟怀:通过法治来构建并维系一个和谐社会,通过彼此努力和共同参与来解决社会冲突。这不仅是我们的襟怀,也是我们寻求的生活方式。"

——摘自《2014 年·华东政法大学
博士精品文库》总序

目录

前　言

一、问题的提出

数罪并罚是常见的刑事法律现象,理当得到刑法学研究的足够重视。但与之不相称的是,数罪并罚在刑法学的研究中并不深入。就英美法系而言,由于存在判例法的长期传统,基于对"数罪"概念的严格法定原则以及"并罚"制度的有罪必罚理念,[①]刑法学者较少专门研究数罪并罚问题。[②]而域外法系的有关国家虽然在刑法中普遍规定了罪的数量问题,或者规定了定罪判决的数量问题,但却普遍没有规定数罪并罚。域外法系刑法学更为重视罪

---

① 储槐植、江溯:《美国刑法》(第四版),北京大学出版社 2012年版,第 260 页。

② 英国学者 J.C.史密斯与 B.霍根合著《英国刑法》(法律出版社 2000 年版)、英国学者鲁珀特·克罗斯与菲利普·A.琼斯合著《英国刑法导论》(中国人民大学出版社 1991 年版)、英国学者 J.W.塞西尔·特纳的《肯尼刑法原理》(华夏出版社 1988 年版)均没有提到数罪并罚,也没有提到罪的数量问题。

的数量问题研究,并发展出了罪数论体系,通常是在研究罪数问题时附带研究数罪并罚。相对而言,我国在刑法立法上较为重视数罪并罚,从1979 年制定第一部刑法开始,就已经运用较多立法篇幅规定了数罪并罚制度。进入 21 世纪后,在《刑法修正案(八)》《刑法修正案(九)》中又对数罪并罚制度进行了多处重要修正。但与刑法立法快速发展不相称的是,数罪并罚相关的理论研究与司法适用却没有充分跟进,在法律适用中出现了较多的数罪并罚"同案不同判"、并罚结果违背立法初衷等问题。对此,在数罪并罚理论研究上需要有所作为,通过加强研究的问题意识,为刑法学研究更加符合时代需要和现实需要作出更大贡献。

(一)数罪并罚的理论问题

数罪并罚的理论问题主要包括数罪并罚的根据、体系定位以及数罪并罚与罪的数量关系等问题。对数罪并罚根据的认识影响着刑法立法对数罪并罚规范结构的把握,影响着刑事司法过程中对数罪并罚制度适用边界的理解。对数罪并罚体系定位的认识影响着对数罪并罚制度理论归属的认识,并进而影响刑事司法过程中对数罪并罚制度适用规则的理解。对数罪并罚与罪的数量关系的理解直接关系着数罪并罚的逻辑前提,影响着刑事司法中对数罪并罚制度运行的适用。

(二)数罪并罚的立法问题

数罪并罚的立法问题主要有下列内容:

1. 可并罚数罪的立法形式问题

可并罚数罪的立法形式是讨论可并罚的数罪在刑法规范上的表现形式,主要是以我国刑法总则与分则有关规定为基础,讨论可并罚数罪在刑法总则与分则中的立法形式。当然,从实质上看,司法解释或司法解释类文件也发挥着刑事立法的功能。近年来,在数次刑法修正和较多司法解释中,频繁出现"同时构成其他犯罪的,依照数罪并罚的规定处罚"等类似规定。但对于何种情况下适用依照数罪并罚的规定处罚、何种情况下适用依照处罚较重的规定处罚,似乎尚未有较为一致的标准。例如,2023年12月最高人民法院、最高人民检察院、公安部、司法部发布《关于办理醉酒危险驾驶刑事案件的意见》,第16条规定:"醉驾同时构成交通肇事罪、过失以危险方法危害公共安全罪、以危险方法危害公共安全罪等其他犯罪的,依照处罚较重的规定定罪,依法从严追究刑事责任。醉酒驾驶机动车,以暴力、威胁方法阻碍公安机关依法检查,又构成妨害公务罪、袭警罪等其他犯罪的,依照数罪并罚的规定处罚。"在醉驾同时构成其他犯罪时,该条在两款中,同时给出了从一重罪处罚和数罪并罚处罚两种处理办法。而仅从上述条文规定中,难以看出两种不同处理办法的规范依据何在,也无法在现有理论框架中找到较为充分的理论依据。

2.《刑法修正案(八)》《刑法修正案(九)》实施后数罪并罚的新问题

《刑法修正案(八)》《刑法修正案(九)》的出台,对长期以来存在的有关长期自由刑并罚上限、附加刑并罚、不同种有期自由刑并罚等理论和实务争议,给出了基本的解决方案,但同时也带来了新问题:如长期自由刑并罚上限适用带来的罪刑失衡问题、有期徒刑吸收拘役带来的罪刑失衡问题等,需要予以进一步研究。

3. 数罪并罚制度的立法发展问题

刑法立法应当坚持谦抑立场,假如能够通过司法适用来解决上述数罪并罚制度的立法新问题,则尽量不考虑对数罪并罚制度的立法修正,只有在司法适用无法自圆其说或者陷入更多困境的时候,才考虑未来对数罪并罚制度的立法发展问题。

(三)数罪并罚的司法问题

数罪并罚的司法问题主要有下列内容:

1.《刑法修正案(八)》《刑法修正案(九)》给数罪并罚制度带来的司法适用新问题

虽然《刑法修正案(八)》《刑法修正案(九)》给数罪并罚制度带来诸多新问题,但由于《刑法修正案(八)》《刑法修正案(九)》生效时间距今较短,因而根据一般立法规律,不大可能在短时间内再次被修改。因而,通过司法适用来解决《刑法修正案(八)》《刑法修正案(九)》给数罪并罚制度带来的新问题,将是当前最优的选择。

2. 数罪并罚制度与其他刑罚制度的司法适用协调问题

数罪并罚在我国刑法立法体系中属于刑罚执行制度的一部分,与死刑缓期二年执行、无期徒刑执行、其他主刑与附加刑执行等刑种制度,与缓刑、减刑、假释等刑罚裁量和执行制度有着密切关系,同时也存在诸多可能发生罪刑失衡的现象,因而需要通过司法适用来解决数罪并罚制度与其他刑罚制度的协调问题。

3. 数罪并罚制度的司法完善问题

未来对数罪并罚制度的司法完善问题需要从两个方面着手:一是对现行有关数罪并罚的司法解释进行梳理,肯定其中合理的规定,通过对司法解释的再解释来改变其中不合理的部分。二是对有关数罪并罚的个案进行梳理,肯定其中合理的案例,对不合理的案例进行分析并给出纠正的思路。

二、研究价值及意义

(一)本书对数罪并罚理论完善的价值

刑法学理论研究已经累积较多的数罪并罚研究成果,但有关成果多属于零散研究、附属研究,散见于刑法学专著中的某一章或有关论文的某些段落,或者附属于量刑研究的一部分,缺乏从连接犯罪论与刑罚论的桥梁角度对数罪并罚的体系研究,也缺乏从连接刑法总则与刑法分则的桥梁角度对数罪并罚的系统研究。本书尝试对数罪并罚的有关理论研究进行梳理与重述,尝试对数罪并罚的有关理论研究脉络进行厘清与整合,尝试将数罪并罚作为连接犯罪(可罚行为)与刑罚(刑事后果)的结构研究、连接刑法总则与刑法分则的系统研究。

(二)本书对数罪并罚立法完善的价值

法学研究自进入成文法时期以后,已难以摆脱注释法学的印记,刑法立法同样对刑法研究具有举足轻重的引导作用。刑法研究既需要为刑法立法进行必要的注解,同时更需要为刑法立法提供正当化的前瞻理论,在我国刑法立法象征化立法、情绪化立法已初现端倪的情势下,更需要在刑法研究中关注刑法立法和司法的实质化、理性化。

（三）本书对数罪并罚司法适用完善的价值

徒法不足以自行,司法适用在刑法世界中具有无可取代的位置。刑法的司法解释与司法案例是刑法研究中相当重要的素材资源,但近年来刑法司法解释与司法案例存在过于活跃的现象,特别是在有关数罪并罚的刑法司法解释方面出现了较多突破刑法立法,甚至自行"造法"的现象。由此,刑法研究需要承担起完善数罪并罚的司法适用、确定数罪并罚司法适用合理边界的任务。

三、创新与待完善之处

（一）创新之处

1. 在力图全面梳理数罪并罚制度理论与实践的基本体系方面具有较大创新

较大程度上填补《刑法修正案（九）》颁布后数罪并罚理论与实践体系化研究的空白。《刑法修正案（九）》颁布后,对数罪并罚有关规定作了较多修改,在理论上和实践中产生较多难题,亟须对此进行深入研究。本书力图梳理数罪并罚的理论和实践争议焦点,尤其是聚焦《刑法修正案（八）》《刑法修正案（九）》修订后的新问题、新难点,力图从体系化的视角来分析数罪并罚制度的规范载体与实践运行,为数罪并罚制度理论与实践提供有创新意义的研究成果。

2. 在研究素材的新颖性方面具有较大创新

《刑法修正案（八）》《刑法修正案（九）》不仅对直接涉及数罪并罚制度的《刑法》第69条作出两次修改,而且将分则中的多处规定由加重犯改为数罪并罚。并且,近年来全国人大常委会法工委、最高人民法院、最高人民检察院等国家法律机关对数罪并罚作出了较多法律解释。同时,在司法实践中也出现了较多涉及数罪并罚的新型案例,这都是以往研究涉及不多的最新研究素材,都需要深入研究。本书力图运用上述最新的理论研究素材与案例材料,通过比较分析、逻辑分析、规范分析、实证分析等研究方法,为数罪并罚制度在新的社会条件下发挥应有的作用而贡献绵薄之力。

3. 在评析数罪并罚理论与实践中的若干基本观点、争议观点以及本书赞成的看法方面具有较大创新

由于我国对数罪并罚制度的立法规定较为详细和明确,客观上压缩了理论研究争议解决的空间和实践难题解决的空间,因而需要对数罪并罚理论与实践争议问题进行更为细致、更为精深的评析。例如,以往研究基本上将数罪并罚的理论基本架构分为数罪并罚的原则和数罪并罚的规则两大部分,本书认为,将其分为刑种制度论和阶段适用论两大部分更为妥当。再例如,以往研究多数认为《刑法》第 71 条的适用阶段为主刑执行完毕以前或主刑和附加刑同时执行完毕以前,本书认为,将该条的适用阶段理解为主刑或附加刑择一执行完毕以前更为妥当。

(二)待完善之处

1. 在论述分析的框架结构详略搭配方面还有一定不足

我国数罪并罚制度的历史悠久,历代文本资料浩如烟海。近代以来,域外数罪并罚制度的发展也较为发达,立法司法资料亦汗牛充栋。新中国刑法颁布后,现代数罪并罚制度开始定型,其基本框架与主要立法条文至今保持稳定,数罪并罚的大部分问题在四十余年来的刑法学研究中基本都有涉及。上述三种情况预示着:数罪并罚制度研究既是具有深厚底蕴的理论命题,又是对论述分析的框架结构详略搭配要求很高的理论命题。本书在论述分析中尽量在数罪并罚的文献资料述评与自身观点论述之间形成平衡,尽量避免在论述分析中出现大章小章、大节小节的不平衡,尽量实现数罪并罚制度理论与实践的重点问题分析与一般问题分析之间的平衡。但由于自身驾驭文献资料的能力和论

证分析能力都还需要提升，可能在论述分析的框架结构详略搭配方面还有一定不足。

2. 在部分观点的论证充分方面还有一定不足

数罪并罚在理论上具有连接犯罪论与刑罚论的功能意义，尤其具有连接罪数论与量刑论的重大价值，因而对数罪并罚理论问题的论证分析需要综合考虑罪数论与量刑论的原理。同时，数罪并罚在我国刑法制度上属于量刑制度中的一部分，受到刑法立法明确的约束和指引，因而对数罪并罚实践问题的论证分析需要综合考虑立法与司法的现实。需要在观点的论证分析中尽量做到论证充分、有理有据，尽量做到言之有物、合理合法，但由于自身理论知识储备的相对薄弱，在部分观点的论证充分方面还有一定不足。例如对《刑法》第 69 条第 2 款第 1 句规定的理解，以往研究多数认为属于吸收规则，此种理解将会造成较多罪刑失衡现象，因而并不妥当。在目前刑法立法的约束下，建议采用比例折算说的设想。本书虽尽量充分论证其合理性与合法性，但受限于自身理论能力，在其充分论证方面还亟待完善。

第一章　数罪并罚的法理基础论

　　法理是隐藏在规范与制度背后的深层次因素，深入分析数罪并罚蕴含的法理基础有助于准确把握数罪并罚的结构和数罪并罚的制度运行。数罪并罚的法理基础主要包括数罪并罚的根据、体系定位、数罪并罚与罪的数量关系以及可并罚数罪的立法形式。对数罪并罚根据的认识影响着刑法立法对数罪并罚规定的把握，影响着刑事司法过程中对数罪并罚制度适用边界的理解。对数罪并罚体系定位的认识影响着对数罪并罚制度理论归属的认识，进而影响刑事司法过程中对数罪并罚制度适用规则的理解。数罪并罚与罪的数量关系的理解直接关系着数罪并罚立法规定的逻辑前提，影响着刑事司法中对数罪并罚制度能动运行的理解。可并罚数罪的立法形式是讨论可并罚的数罪在刑法规范上的表现形式，主要是以我国刑法总则与分则有关规定为基础，讨论可并罚数罪在刑法总则与分则中的立法形式。

第一节　数罪并罚的根据

数罪并罚的根据指的是数罪并罚存在和运行的正当性与合理性的根本理由。对我国刑法理论研究而言,探讨数罪并罚的根据有助于法理上夯实数罪并罚理论体系的基础,是评价数罪并罚立法规范或制度变革是否具有正当性、合理性的重要依据,也是司法实践中准确适用数罪并罚法律的重要指针。

一、数罪并罚根据的观点述评

（一）数罪并罚根据的域外观点述评

域外学者对数罪并罚的根据提出了较多具有启发意义的观点,具有代表性的主要有:

1. 刑事政策根据说

该观点认为:"基于刑事政策之要求,将裁判确定前同一人所犯之独立数罪,以其具有同时审判之可能性,而为合并裁判处罚……得发挥刑事政策之机能。"[1]该观点存在一定疑问,刑事政策概念本身尚未形成共识。理论上对于刑事政策的概念与内涵历来争议较多,古今中外的刑法学家或者近现代思想家基本上都对刑事政策做过定义或概念解读,其表达实在数不胜数,共识却微乎其微。[2]

---

[1]　高仰止:《刑法总则之理论与实用》,五南图书出版有限公司 1983 年版,第 333 页。

[2]　谢望原、卢建平:《中国刑事政策研究》,中国人民大学出版社 2006 年版,第 44 页。杨春洗主编:《刑事政策论》,北京大学出版社 1994 年版,第 4 页。[德]李斯特:《德国刑法教科书》,徐久生译,法律出版社 2006 年版,第 32 页。[法]米海依尔·戴尔玛斯-马蒂:《刑事政策的主要体系》,卢建平译,法律出版社 2000 年版,第 1 页。谢瑞智:《刑事政策原论》,台北文笙书局 1978 年版,第 3 页。[日]大谷实:《刑事政策学》,黎宏译,法律出版社 2001 年版,第 5 页。何秉松主编:《刑事政策学》,群众出版社 2002 年版,第 39 页。肖扬主编:《中国刑事政策和策略问题》,法律出版社 1996 年版,第 213 页。严励:《中国刑事政策原理》,法律出版社 2011 年版,第 6 页。

2. 人格责任根据说

该观点认为:"基于人格责任论之立场,数个行为固非一个人格态度之发现,唯在根本上实系一连续之人格所形成,故综合予以评价并予科刑较为妥当。"[①]该观点存在一定疑问,主要有:其一,人格责任论不能解决理想化的人格与复杂现实之间的矛盾、过程化的人格与阶段化的行为之间的矛盾等问题,其本身并不可靠。其二,人格责任论不能准确说明责任的本质。行为人于裁判确定前所犯的并罚数罪,是由同一人的人格所形成,所以需要综合予以评价。但是一个人的人格形成过程非常复杂,一旦形成则人格具有连续性,不仅在短时间内难以改变,并且也不能依靠某一个确定裁判即可加以扭转。[②]

3. 教育刑(目的刑)根据说

该观点认为:"一罪一罚、数罪数罚,乃出于正义之当然要求,实无在一个总和刑之范围内予以合并执行处罚之必要。唯如基于教育刑、目的刑之理念……行为人即使触犯数罪,亦得在一个总和刑之范围内予以合并执行处罚。"[③]教育刑(目的刑)仅是刑罚理念之一,难以对数罪并罚具有全部的指导意义。长期以来,理论研究中公认的刑罚理念有报应刑、预防刑、总和刑、责任刑、教育刑等观点,不宜以其中之一作为指导数罪并罚的根据。

4. 诉讼经济根据说

该观点认为:"同一行为人犯了数罪时……在数罪处于能够被同时审判的状况下,在刑的适用上,把这些罪一起处理更为合理。"[④]该观点存在一定疑问,诉讼经济是在刑事程序方面需要考虑的原则之一,数罪

---

① 蔡墩铭:《刑法精义》,翰芦图书出版有限公司1999年版,第380页。

② [日]大塚仁:《人格刑法学的构想(上)》,《政法论坛》2004年第2期。

③ 甘添贵:《罪数理论之研究》,中国人民大学出版社2008年版,第109页。

④ [日]大塚仁:《刑法概说(总论)》(第三版),冯军译,中国人民大学出版社2003年版,第430页。

并罚是刑法实体法理论的重要内容和刑法实体法制度的重要部分。将程序法原则作为指导实体法的理论或制度的根据,逻辑上难以成立。

(二)数罪并罚根据的域内观点述评

域内学者对数罪并罚的根据也提出了较多具有启发意义的观点,具有代表性的述评如下。

1. 有罪必定、罚当其罪根据说

该观点认为:"'罚当其罪'从'如何罚'的角度探讨了犯罪行为与刑罚处罚之间动态平衡的互动关系……'有罪必定'则从'为何罚'的角度探讨了行为与定罪之间的因果关系,为'罚当其罪'的动态平衡提供前提。"[1]该观点存在一定疑问,主要是"有罪必定、罚当其罪"与现代刑法理念和制度不符合。"有罪必定、罚当其罪"源自刑事古典学派思想,"对于犯罪最强有力的约束力量不是刑罚的严酷性,而是刑罚的必定性"。[2]

2. 社会危害性大小根据说

该说观点有的认为:"异质的数罪……都比单纯的一罪要重。"[3]有的认为:"实质数罪……社会危害性程度不大。"[4]上述观点均存在一定疑问,主要有:其一,社会危害性的刑法地位仍存在争议。21 世纪初以来,我国刑法学界就社会危害性及其刑法地位展开较大论战,[5]形成了相互对峙的学术进路。对传统社会危害性认识中的实质主义、整体主义的批评不仅成为反对者的观点,也引起支持者的反思。[6]其二,数罪

① 向朝阳、莫晓宇:《牵连犯定罪量刑之价值定位与模式选择》,《中国刑事法杂志》2000年第 3 期。
② [意]切萨雷·贝卡利亚:《论犯罪与刑罚》(增编本),黄风译,北京大学出版社 2014年版,第 73 页。
③ 郝守才:《论牵连犯的价值取向》,《中州学刊》2002 年第 5 期。
④ 林准主编:《中国刑法教程》(修订本),人民法院出版社 1994 年版,第 191 页。
⑤ 刘科:《回顾与展望:社会危害性理论研究三十年》,《河北法学》2008 年第 11 期。
⑥ 赵秉志、陈志军:《社会危害性理论之当代中国命运》,《法学家》2011 年第 6 期。张明楷、陈兴良、车浩:《立法、司法与学术——中国刑法二十年回顾与展望》,《中国法律评论》2017 年第 5 期。

的社会危害性大小评价尚需取得共识。在理论研究上,有的认为数罪的社会危害性比单纯一罪要重,有的认为实质数罪的社会危害性比典型数罪要小,莫衷一是。这反映出对社会危害性的大小评价仍存在较大争议,难以成为其他理论或制度的根据。

3. 罪责刑相适应原则根据说

该观点认为:"罪责刑相适应原则,作为……实行数罪并罚或其他处断原则的根据。"①上述观点总体妥当,但可以做出更为准确的表达:即罪责刑相适应原则派生出的罪刑均衡原理应成为数罪并罚的根据之一,也就是后文所述之罪刑均衡是数罪并罚的合理化根据。首先,罪责刑相适应原则是刑法的基本原则,不宜直接成为刑法中某一制度的根据。刑法的基本原则是贯穿刑法始终、对刑法立法与司法的全过程具有根本性与指导性的准则,因而罪责刑相适应原则当然也对数罪并罚制度具有根本性与指导性。但同时需要注意,正因为刑法基本原则具有根本性与指导性,反而不宜直接成为刑法中某一制度的根据,否则将造成刑法基本原则的根本性与指导性的弱化,因而罪责刑相适应原则不宜直接成为数罪并罚制度的根据。其次,罪责刑相适应原则中包括责任均衡内容,难以与数罪并罚发生直接联系。罪责刑相适应原则包含罪、责、刑三者相适应的内容,要求刑罚的轻重应当与犯罪分子所犯罪行和承担的刑事责任相适应。数罪并罚处理的是数个罪如何处以刑罚的问题,并不与刑事责任发生直接关系,也就难以适用刑事责任与并罚适应的原则内容。

二、数罪并罚的双层根据

(一)数罪并罚根据的确定思路

前述有关数罪并罚根据的若干观点都局限于单一根据,都只具有

---

① 曲学武:《罪数、数罪及并罚根据研讨》,载李希慧、刘宪权主编:《中国刑法学年会文集(2005年度)刑罚制度研究(下册)》,中国人民公安大学出版社2005年版,第610页。

解释或指导数罪并罚在理论与制度、学理与实践等其中某一个层面的功能与价值,不能对数罪并罚在理论与制度、学理与实践上的复杂现象予以全面合理的解释与指导,往往出现难以自圆其说或者捉襟见肘的窘境。因而,数罪并罚的根据应当具有双层属性,即分别是正当化根据与合理化根据。

其一,数罪并罚的正当化根据。首先,应当从理性认识上寻找数罪并罚的根据。刑法对犯罪及其法律后果的认识具有高度的理性属性。无论在西方还是我国的历史上,刑法都存在由"非理性"向"理性"转化的规律。进入现代社会后,理性主义思想在中西法律体系中都取得重要的基础地位,虽然非理性主义思潮偶有对理性主义提出挑战,但难以撼动理性主义作为刑法思想重要基础的地位。因而,应当从理性认识中寻找数罪并罚的根据。其次,应当从规范认识上寻找数罪并罚的根据。"(规范与事实)作为考察犯罪的双重视角……由此形成刑法理论的不同语境。"①刑法上的数罪应当是经过构成要件评价后的数个规范事实,立法过程通过从事实到规范的路径来制定数罪的规范事实结构,司法过程通过从规范到事实的路径来认定数罪的规范事实建构。数罪并罚涉及的规范与事实既可能被统一在规范事实结构中,又可能存在彼此分离的矛盾。数罪并罚的根据应当有助于维持数罪并罚立法和司法过程中事实与规范的统一,也要有助于化解数罪并罚立法和司法过程中事实与规范的分离矛盾。

其二,数罪并罚的合理化根据。首先,数罪并罚的合理化根据应当符合公平正义的要求。"从社会的合理建构来看,公平正义无疑是其中最为重要的价值追求……法律正是一种为促进实现公平正义而形成的制度安排。"②这既要求数罪并罚立法中要做到符合公平正义理念,也

---

① 陈兴良:《犯罪:规范与事实的双重视角及其分野》,《北大法律评论》2000 年第 2 期。
② 胡玉鸿:《新时代推进社会公平正义的法治要义》,《法学研究》2018 年第 4 期。

要求在每一个数罪并罚的司法裁判中做到公平正义。"促进社会公平正义是政法工作的核心价值追求。从一定意义上说,公平正义是政法工作的生命线,司法机关是维护社会公平正义的最后一道防线。"①在具体个案的数罪并罚裁判过程中,人民群众看不到数罪并罚的正当化根据,也难以理解数罪并罚的诸多学理问题,但是能够感受到数罪并罚的处断是否公平、制度运行是否公正。其次,数罪并罚的合理化根据应当能够适应差异化的立法规定或裁判实践。数罪并罚立法中,可能会出现有的立法适用对被告人较轻、有的立法适用对被告人较重的情况。数罪并罚的裁判实践中,也常常会出现有的被告人并罚结果较轻、有的被告人并罚结果较重的差异化情况。数罪并罚的合理化根据应当具有足够的包容能力,既能够解释数罪并罚立法中的差异化现象,也能够解释数罪并罚司法中的差异化现象。

(二) 数罪并罚的正当化根据与合理化根据

结合上述分析:数罪并罚的正当化根据是犯罪构成,数罪并罚的合理化根据是罪刑均衡,两者结合起来共同构成数罪并罚的正当化与合理化的坚实根据。

1. 数罪并罚的正当化根据:犯罪构成

首先,犯罪构成是数罪的正当化根据。"罪数问题是一个犯罪的特殊形态问题,它是数罪并罚的前提。"②数罪是罪数问题中的重要部分,因而认识数罪是认识数罪并罚的前提,厘清数罪的正当化根据是厘清数罪并罚正当化根据的前提。域外法系刑法理论上对犯罪以及犯罪个数的认识分为罪数论和竞合论两大体系,其中日本学者多数主张罪数论、德国学者多数主张竞合论。总体上看,不论域外法系刑法理论对数罪及其法律效果的理论体系有何种争议,都是在构成要件体系中来认

---

① 习近平:《促进社会公平正义,保障人民安居乐业》,《习近平谈治国理政》(第 1 卷),外文出版社 2018 年版,第 148 页。

② 陈兴良:《从罪数论到竞合论——一个学术史的考察》,《现代法学》2011 年第 3 期。

识数罪并罚问题。我国刑法理论界一般以犯罪构成标准说作为认识数罪的通说,①本书赞成通说观点。以犯罪构成作为认识数罪的标准,能够克服主观主义或客观主义观点各自的缺陷和片面性,从而坚持了主客观相一致的原则,同时与我国刑法理论上区分罪与非罪、此罪与彼罪的标准相一致。

其次,犯罪构成是并罚的正当化根据。其一,犯罪构成为并罚的正当性提供了充分正当化根据。一罪一罚、数罪数罚是对并罚的正当性最为直观的表述,类似于数学上能够为普通人直观理解而无需证明的公理,具有较高的正当性。其二,犯罪构成为并罚的合理性提供了充分正当化根据。一罪一罚、数罪数罚实际上是针对传统社会里典型一罪、典型数罪而衍生出的观念。进入现代社会后,不典型一罪、不典型数罪越来越多。刑法理论上不得不对犯罪构成提出许多修正观点,从而提出了修正的犯罪构成诸学说,为现代社会处理新的并罚现象提供更为包容的正当化根据。

2. 数罪并罚的合理化根据:罪刑均衡

首先,将罪刑均衡确定为数罪并罚的合理化根据,符合犯罪构成从认识层面到适用层面的现实需要。如前所述,犯罪构成是数罪并罚的正当化根据,这是在理想化的认识层面得出的结论。但在具体处断时,理想化的数罪可能被立法者认为并不符合现实的刑事政策需要或罪刑均衡的需要,从而可能按照一罪处断。理想化的并罚也可能被立法者认为并不符合现实的刑事政策需要或罪刑均衡的需要,从而可能按照不并罚处断。另外,虽然犯罪构成是数罪并罚的正当化根据,但是当现实的一个行为同时符合数个犯罪构成时,依照犯罪构成理当构成地位平等的数罪,但难以根据法条竞合、想象竞合等常规处断方案作出合理处断,这就需要根据罪刑均衡原理作出合理的处断。"不排除为了达致

---

① 吴振兴:《罪数形态论》,中国检察出版社1996年版,第16页。

实质上的罪刑均衡,还可能存在数罪一罚的情形。"①

　　其次,罪刑均衡具有指导数罪并罚公正处断的重大价值。我国有学者对罪刑均衡观念提出批评意见:"按照点的理论,一个犯罪产生后,我们按照其责任去确定这个点,仅仅在这个点上,是罪刑均衡的,一旦到了宣告刑要考虑一般预防和特别预防必要性的大小时,就一定是在这个点之下,不可能做到罪刑均衡。"②对上述观点需要商榷:其一,难以赞成均衡观念不是正义观念的观点。当代著名哲学家罗尔斯在其被誉为第二次世界大战后最重要的哲学著作《正义论》中指出:"公平的执法成为'作为规则的正义'……比'形式的正义'……更具有启发性。"③罗尔斯所言"公平的执法"明显指的是均衡执法,在刑事司法程序中的均衡执法当然包括罪刑均衡。其二,难以赞成以点的理论去批判罪刑均衡。"点的理论认为,与责任相适应的刑罚只能是某个特定的刑罚(点),而不是幅度。"④从评价标准上看,用一种观念作为标准去评价另一种观念是相当困难的事情,因为观念本身不涉及评价标准,实践才是检验真理的唯一标准。就数罪并罚的罪刑均衡而言,数罪并罚的司法实践才是检验罪刑均衡是否妥当的标准。点的理论是一种观念,罪刑均衡也是一种观念,用点的理论观念作为标准去评价罪刑均衡观念是难以成立的。从我国刑法立法看,点的理论也不符合我国刑法规定。我国刑法中规定的法定刑均是量刑幅度,没有单一的"点"的法定刑。因而,罪刑均衡是值得肯定和坚守的量刑观念,也是值得肯定和坚守的数罪并罚合理化根据。

① 刘宪权:《罪数形态理论正本清源》,《法学研究》2009 年第 4 期。
② 张明楷:《量刑的三大观念批判》,转引自梁根林主编:《当代刑法思潮论坛(第三卷):刑事政策与刑法变迁》,北京大学出版社 2016 年版,第 50 页。
③ [美]约翰·罗尔斯:《正义论》,何怀宏等译,中国社会科学出版社 2009 年版,第 184 页。
④ 张明楷:《责任主义与量刑原理——以点的理论为中心》,《法学研究》2010 年第 5 期。

第二节　数罪并罚的体系定位

不同法系或法域对犯罪数量问题研究的理论定位不同,对数罪的法律效果的法定体系也有差异,因而有必要明确本书讨论的数罪并罚的体系定位,是在我国刑法理论框架内予以讨论,同时结合我国刑法规定。

一、数罪并罚体系定位的研究思路

从广义角度看,理论上的罪数论可以包含数罪并罚。罪数论在判断标准上包括行为构成一个犯罪或者数个犯罪的标准,在处断结局上包括按一个犯罪处断或者按数个犯罪处断。假如在判断标准或处断结局上认定属于数个犯罪的,则此时的罪数论相当于数罪并罚。反之,从狭义角度看,理论上的罪数论则与数罪并罚难以兼容,呈现出各自不同的研究领域与适用范围,研究方法各居犯罪构成与刑罚裁量的两极,属于两种不同的体系定位。

将数罪并罚定位于刑罚论,在我国具有有力的立法支撑和制度优势。我国刑法在有关刑罚的章节中对数罪并罚制度作了明确规定。在总则部分有数罪并罚的多条内容,在分则部分还有十余条涉及数罪并罚的内容,形成了较为完备的、具有中国特色的数罪并罚规范体系,因而认为数罪并罚定位于犯罪论或两元化的观点缺乏足够的立法支撑。

二、数罪并罚应采刑罚论体系定位说的依据

1. 数罪并罚应采刑罚论体系定位说,具有充分的理论依据

(1)数罪并罚承接罪数论的体系定位。在我国刑法理论通说中同时存在罪数论(罪数形态论)与数罪并罚两个部分内容。通常将罪数论(罪数形态)安排在犯罪论的最后一部分,将数罪并罚安排在刑罚论的刑罚裁量制度中。若罪数论(罪数形态)属于两元论的体系定位,则数罪并罚属于犯罪论或两元论的体系定位均不妥当。其一,数罪并

罚如属于犯罪论的体系定位,必将违背犯罪论与刑罚论之间因果逻辑的演绎规律。①其二,数罪并罚如属于两元论的体系定位,将与罪数论(罪数形态论)的体系定位直接冲突,难以协调两者之间的体系关系。如认为前后相继的罪数论(罪数形态论)与数罪并罚都定位于两元论,将引发罪数判断标准、罪数类型等一系列问题的混乱,也将引发数罪并罚具体实施中的前后矛盾。

(2) 数罪并罚的本质通常表现为刑的合并。其一,数罪对并罚的前提限制,通常是由于出现了一罪或数罪的判断争议,并且多数情况下是理论上的类型争议。当数罪的存在没有争议或者显而易见时,数罪对并罚的前提意义也就减弱到无限接近于零,此时并罚也就相对地无限独立出来。其二,在我国刑法立法中规定了许多具有中国特色的制度和规范,鲜明地表现出并罚并不必然受到数罪的限制,而单独表现刑的合并本质。例如,《刑法》第50条关于死刑缓期二年执行期间故意犯罪处理的条文,属于广义数罪并罚的规定。但该规定与刑法其他有关数罪并罚的条文有着很大不同:死刑缓期二年执行期间故意犯罪的,应当属于故意犯新罪,而不是发现其他漏罪。并且条文明确规定了死刑缓期二年执行期间只有犯故意犯罪并且情节恶劣的,才适用上述规定,其他数罪并罚的条件并没有如此限制。有关司法解释也表明数罪并罚具有刑的合并本质,与数罪问题没有关系。例如《最高人民法院关于办理减刑、假释案件具体应用法律的规定》(法释〔2016〕23号)(以下简称《减刑假释规定》)第23条规定:"犯罪分子被裁定减刑后,刑罚执行期间因故意犯罪而数罪并罚时,经减刑裁定减去的刑期不计入已经执行的刑期。"该规定体现了减刑影响下的刑罚合并的处理,与故意犯罪的罪名、具体数量没有关系。

---

① 叶良芳:《量刑反制定罪:实践和理论的双重批判》,《东南大学学报(哲学社会科学版)》2018年第1期。

2. 数罪并罚应采刑罚论体系定位说,具有充分的立法依据

(1) 数罪并罚的总则规定为数罪并罚的刑罚论定位提供了首要的立法依据。我国刑法在总则第四章"刑罚的具体运用"的第四节"数罪并罚"中,用第 69 条、第 70 条和第 71 条明确规定了数罪并罚的基本规则。同时在刑法总则的多个条文中明确了数罪并罚的特别规定,用占总则条款 7/101 的篇幅来规定数罪并罚问题,凸显了我国立法对数罪并罚的重视。

(2) 多次修订数罪并罚总则规定,为数罪并罚的刑罚论定位提供了发展的立法依据。我国立法者通过刑法修正案对数罪并罚的有关规定进行了多次修改,其中通过《刑法修正案(八)》《刑法修正案(九)》对第 69 条、第 50 条进行了两次修改,合计修改四处。该四处修改内容均集中体现出数罪并罚的刑罚功能定位与刑罚论体系定位,修改内容完全属于刑罚问题,与罪数问题无关。

(3) 数罪并罚的分则规定为数罪并罚的刑罚论定位提供了补充的立法依据。我国刑法在分则中多处规定了个罪的数罪并罚条款,侧重规定数罪并罚的刑罚效果。其中多数属于数罪并罚的注意规定,少数属于将一罪处断为数罪并罚或者将数罪处断为一罪处罚的法律拟制,还有一些规定属于既有注意规定也有法律拟制的混合规定。后两者规定类型突出表明立法者着重数罪并罚的刑罚使用效果,并不在意行为或罪数的刑法意义。尤其是将一行为一罪的情况处断为数罪并罚,明显与罪数基本原理相矛盾,突出表明立法者对数罪并罚定位于刑罚论的高度关注。

三、数罪并罚的体系定位属于刑罚论

(一) 数罪并罚的体系定位符合刑罚目的

刑罚目的是国家创制、适用与执行刑罚所期望实现的理想状态。现代社会的刑罚目的是预防犯罪,并且体现为双层预防,即包括特别预防和一般预防两个层次。数罪并罚的体系定位符合刑罚目的,应当从兼顾

一般预防与特别预防的综合角度着手,偏废任何一个方面都会造成刑法功能失效、刑法权威受损的严重局面。例如,日本近年来在交通领域有关并合罪(类似于我国的数罪并罚)的修订即是前车之鉴。进入21世纪后,日本刑法进入前所未有的立法活跃时代,在不到20年的时间里对刑法典进行了16次大规模修改,同时制定或修改了20余个单行刑法。尤其在惩治交通领域罪行方面,日本刑法修订重视特别预防超过一般预防,呈现出罪名分化增设、构成要件高度具体化、法定刑重刑化等特点,造成了交通领域并合罪增多、数罪并罚预防目的失效的情形。以"酒后驾驶"行为为例,酒后驾驶肇事致人死伤不逃逸的话,最高可能要判处15年有期徒刑。假如逃逸后,酒醒后再自首,至多只能处以业务过失致死伤罪与违反救护义务罪的数罪并罚,量刑最高只有10年以下有期徒刑,数罪并罚反而轻于危险驾驶致死伤罪一罪处罚。在日本,"刑罚正成为国家自导自演、国民自我满足的手段",①我国刑法立法应当引以为戒。

(二)有助于承接罪数论(罪数形态论)

对此,可以从广义与狭义两个方面理解。(1)广义方面指的是广义的罪数论与数罪并罚的体系关系。广义的罪数论包括认识和处理罪的数量的全部问题的理论体系,包括一罪与复数罪的研究。其中一罪的研究包括典型的一罪研究与不典型的一罪研究,而不典型的一罪研究通常指的就是罪数形态。复数罪的研究包括典型的数罪研究与不典型的数罪研究。由此可见,广义的罪数论可一分为四,其中包括罪数形态研究。从广义的罪数论的研究范围也可以发现,广义的罪数论研究与数罪并罚并不是完全对应的体系关系,在理论上被认为是典型一罪的,有可能被立法者规定为应当并罚。在理论上被认为是不典型一罪的,对其是否予以并罚则更是观点对立、立法对立,属于争鸣最为激烈的领

① [日]松原芳博:《刑法总论重要问题》,王昭武译,中国政法大学出版社2014年版,第10页。

域。在理论上被认为是典型数罪或不典型数罪的,也有可能被立法者规定为不并罚,或者被有的研究者认为不需要并罚。(2)狭义方面指的是狭义的罪数论与数罪并罚的体系关系。狭义的罪数论指的是研究介于一罪与数罪之间的不典型罪数的研究领域,在我国刑法学中一般指的是罪数形态理论。因罪数形态具有法律后果上的不并罚性,罪数形态的犯罪类型均不能适用数罪并罚,但不能因此就认为狭义的罪数论或罪数形态与数罪并罚没有关系。狭义的罪数论或罪数形态从并罚的反向视角为数罪并罚提供了可以承接的体系定位。经过狭义的罪数论或罪数形态判断,能够确定属于法定的或处理的罪数类型之一的,则不能适用数罪并罚。假如经过狭义的罪数或罪数形态判断,不能确定属于法定的或处理的罪数类型之一,并且排除属于典型一罪的,则可以考虑适用数罪并罚。通过狭义的罪数论或罪数形态论研究的反向功能,数罪并罚与罪数论之间因而建立起了另一种承接的体系关系,丰富了数罪并罚体系定位的内涵与外延。

(三) 数罪并罚属于刑罚论中具有贯通意义的重要组成部分

数罪并罚属于刑罚论中具有贯通意义的重要组成部分,既不是与量刑一般原理或行刑制度、时效与赦免等内容相并列,更不是在量刑制度内与累犯制度、自首制度、缓刑制度等处于同等地位。(1)数罪并罚的定位研究涉及刑罚目的,死刑缓期二年执行期间的数罪并罚涉及刑罚的体系与种类,减刑与假释后的数罪并罚涉及刑罚执行制度等,因而数罪并罚不能与刑罚的基本理念、刑罚的体系与种类、刑罚的执行与行刑制度、时效与赦免等内容相并列。(2)相比较其他法系或法域,我国对数罪并罚作出最为细致的制度规定,即我国在刑法总则中将数罪并罚区分为一般并罚、漏罪的并罚和新罪的并罚三种情形,同时在缓刑执行、假释执行中另行规定数罪并罚。而其他法系或法域对此要么不做明确规定,要么只笼统规定对数罪的并罚,要么只规定对某一种数罪予以并罚,如《法国刑法典》第132-2条规定:"一人在因他罪未经最终判决之前又犯罪,为数罪。"第132-16-7条规定:"行为人因重罪或轻罪已被终局判决有罪,又犯新罪,尚不满足法定累犯的条件的,构成刑事再犯。对构成再犯之罪宣告的刑罚与前判宣告的最终刑罚不能相互吸收,而是并科执行,且无刑度限制。"[1]上述两条对数罪的并罚均只规定对新罪的并罚,没有涉及其他数罪的并罚。由此可见,我国数罪并罚的体系定位超出了一般的刑罚裁量制度,不能与累犯制度、自首制度、缓刑制度等处于同等地位。(3)我国刑法在总则第四章"刑罚的具体运用"中规定了第四节"数罪并罚",但不能据此就认为数罪并罚与其他量刑制度并列。我国刑法除了在总则第四章第四节的第69、70、71条对数罪并罚作出一般规定之外,还有第50条、第77条、第86条对数罪并罚的特别规定,同时在刑法分则中有十多处条文规定了数罪并罚的内容。这些规定有的是对总则数罪并罚规范的注意规定,有的是对总则数罪并罚规范的改变或拟制,同样属于我国数罪并罚制度的组成部分,但却超出一般的量刑制度意义,属于更大范围的刑罚论体系定位。

第三节　数罪并罚与罪的数量问题

　　数罪并罚与罪的数量问题研究是理论上深入研究数罪并罚的基础领域。[2]由于我国刑法所用的立法语言将"数罪并罚"四个字捆绑在一起运用,常常引发数罪并罚 = 数罪 + 并罚的认识误区。同时在理论研究上学术观点的彼此争鸣、话语交织,"罪数体系的现状基本上属于战国时代,各有各说、甚至南辕北辙",[3]引发数罪并罚与罪的数量之间产

---

①　朱琳:《最新法国刑法典》,法律出版社2016年版,第38页。

②　由于域外刑法传统研究的罪数论在多数论著中已渐渐成为一罪论,我国国内许多研究也出现这一情况,为了不至于在表达语境上造成误解,故选用罪的数量问题与罪数论相区别。在引用资料时不再专门说明,望读者钧鉴。

③　庄劲:《罪数的理论与实务》,中国人民公安大学出版社2012年版,第11页。

生较多容易混淆的认识矛盾,有必要对数罪并罚与罪的数量之间的若干基础性问题予以分析。其一,广义的罪的数量判断,或者称之为理想化的罪的数量判断,完全可以只依靠犯罪构成原理作为判断标准,或者有的观点认为"行为数是罪数论(竞合论)的逻辑起点"。①但是在罪刑法定主义的原则之下,忽视刑法规范来判断罪的数量的做法是不可靠的。对罪的数量判断,需要形成从犯罪构成到规范处断、从规范处断再到犯罪构成的自足自洽的合理循环,否则极易出现自相矛盾的研究状态。其二,数罪不一定并罚,并罚的不一定是数罪,数罪与并罚之间不存在必然关系。前者指的是符合数个犯罪构成的数罪,却可能由于规范处断而不并罚。后者指的是依照规范处断予以并罚的数罪,可能只符合一个犯罪构成。从理论定位和价值导向分析,罪的数量问题与罪的并罚问题实际上并不发生必然联系。只是由于在现实司法实践中此类现象多发,同时存在刑法立法上的捆绑式规定,理论研究和司法实践有时自然而然地就将数罪与并罚视为一体问题。但在分析数罪并罚的有关问题时,应当对习惯成自然的思维定式保持警惕。其三,对数罪并罚制度涉及罪的数量问题研究,可以从两个层面讨论:一是并罚的罪的范围问题,以刑法规范为主,结合犯罪构成原理讨论。二是不并罚的罪的范围问题,以犯罪构成原理为主,结合刑法规范讨论。该部分主要涉及不并罚的罪的法理基础问题,严格意义上属于数罪并罚的延伸问题。但由于与数罪并罚具有密切关系,需要深入讨论。

一、数罪并罚与罪的数量的理论争鸣

罪的数量指的是行为与其他要件所构成的罪名的数量。行为与其他要件符合一个罪名的,为一罪。行为与其他要件符合数个罪名的,为数罪。由于对行为与其他要件是否作为罪的数量标准的认识不一、对罪名的看法不一,因而在理论上形成了错综复杂、众说纷纭的争鸣状

---

① 陈洪兵:《中国式的刑法竞合问题研究》,中国政法大学出版社2016年版,第179页。

态。根据对罪的数量研究的类型标准不同,结合对数罪并罚的立场差异,可以将有关罪的数量研究的理论争鸣分为三种情况,分别为两分法、三分法和四分法。

(一)两分法

两分法指的是根据论者的观点将罪的数量类型划分为两种,具体有以下代表性观点。

1. 一罪与数罪两分法

该学说属于我国通说。该学说将罪的数量种类大体上分为一罪类型与数罪类型两大分类,不同观点主要在对一罪类型或数罪类型的再分类方面存在分歧。

2. 行为人与行为结合两分法说

该观点认为"从一行为人之一行为,侵害一客体,造成一规范(构成要件)之实现,以确认一可罚性存在,作为评价的基础",并提出图示结构如下:①

行为人→一行为(→侵害一个客体)→实现一个构成要件:单一行为构成要件该当与否

数行为人→一行为(→侵害一个客体)→实现一个构成要件:参与论问题

一行为人→一行为(→侵害一个客体)→实现一个构成要件(或数构成要件):法律竞合

一行为人→一行为(→侵害数个客体)→实现数个构成要件:想象竞合

一行为人→一行为或数牵连行为(→侵害数个客体)→实现数个构成要件:牵连犯

一行为人→数同质行为(→侵害数个客体)→实现数个(同质)构成要件:连续犯

一行为人→数行为(→侵害数个客体)→实现数个构成要件:实质竞合

图 1-1

---

① 柯耀程:《刑法竞合论》(修订二版),元照出版有限公司 2012 年版,第 18 页。

3. 事实评价次数两分法说

该观点认为:"某种犯罪事实,根据一个构成要件被评价为一次符合,就构成罪,这就是本来的一罪。某种犯罪事实被评价为数次符合一个构成要件,或分别符合数个构成要件,就是数罪。"①

4. 行为评价两分法

该观点认为:"首先判断行为人的行为究属行为单数,抑或属行为复数……在行为复数领域中,除了本质上属于不纯正竞合的不罚的前行为或后行为之外,其余者即属纯正竞合的实质竞合的数罪并罚,应就个别之罪各宣告其刑,而后再定其应执行之刑。"②并做出图示如下:

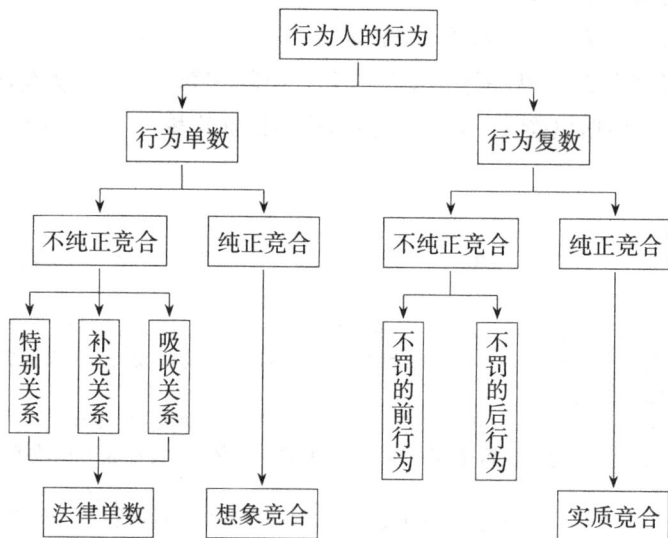

图 1-2

---

① [日]大谷实:《刑法讲义总论》(新版第2版),黎宏译,中国人民大学出版社2008年版,第433页。
② 林山田:《刑法通论(下)》(增订十版),北京大学出版社2012年版,第251页。

（二）三分法

1. 三类竞合说

该学说属于德国刑法学的通说观点。该观点通常认为："一行为数次违反同一刑法法规的,行为人只是根据数次违反的同一法规受一次处罚。假如一行为触犯数个不同的刑法法规,则依照结合原则将不同法规的刑罚构成一个总和刑。相反,假如同一行为人的数个行为同时被判决,部分适用加重原则、部分适用并科原则。"①

2. 条款三分法说

该观点认为："应当立足'从一重处断'、'从特别规定'和'数罪并罚'的三分立场……区分实质的一罪、处断的一罪和实质的数罪,构建我国的犯罪竞合·罪数体系。"②如下图所示:

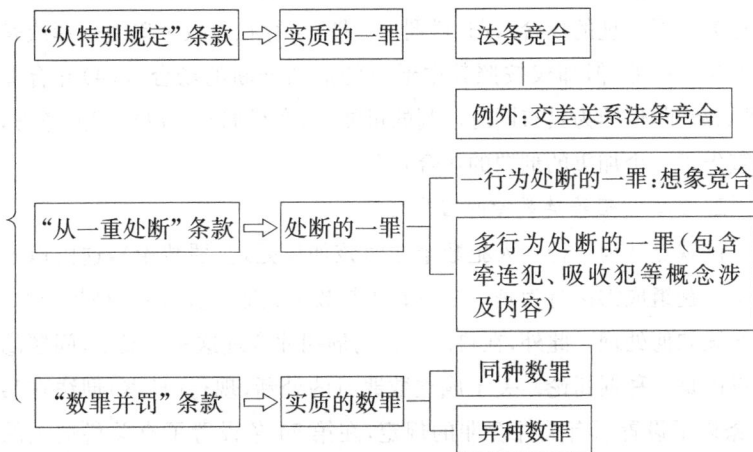

图 1-3

---

① ［德］汉斯·海因里希·耶塞克、托马斯·魏根特:《德国刑法教科书》(下),徐久生译,中国法制出版社 2017 年版,第 963 页。

② 王彦强:《"从一重处断"竞合条款的理解与适用——兼谈我国竞合(罪数)体系的构建》,《比较法研究》2017 年第 6 期。

3. 评价上与科刑上结合三分法

该观点认为："将'评价上(理论上)之罪数'与'科刑上(处分上)之罪数'加以组合后,可分类如下三种情况:一、理论上、科刑上皆属于一罪(本来的一罪)之情况,包含'单纯一罪'、'包括一罪'。二、科刑上皆属于数罪之情况,包含'并合罪'(数罪并罚)、'单纯数罪'。三、理论上属于数罪、科刑上属于一罪之情况,包含想象竞合(观念竞合)、牵连犯、连续犯。"[①]

(三)四分法

1. 日本山口厚教授的四分法说

该观点认为:"被认定为数罪的情形之中,仍存在着在法律评价上判断属于一罪适当还是应该与一罪同样对待才适当的场合。作为罪数的诸形态,可以区分为:(1)单纯一罪(引起了1次构成要件该当事实的场合),(2)包括一罪(存在着数个单纯一罪,在此意义上虽属数罪但却仍作为一罪处理的场合),(3)科刑上一罪(虽存在着数个单纯一罪或是数个包括一罪,但却仅按照其中最重的刑罚处断的场合),(4)并合罪(虽属数罪,但因为具有同时审判的可能性,在科刑时予以特别的考虑,仅宣告了一个加重的刑罚的场合)。"[②]

2. 日本前田雅英教授的四分法说

该观点认为:"行为人犯数个罪时该如何处理(罪数论),这由以下两个问题组成①该行为是一个犯罪还是数个犯罪,与②假若是数个罪,那么该如何处理。此外,在科以怎样的刑罚才合理这一意义上,问题②可以说是一种刑论论。关于成立数罪时的处断,现行(日本)刑法在第45条以下设置了有关并合罪的规定,在第54条设置了有关科刑上的一罪的规定,但关于问题①没有做出规定。关于犯罪的个数,这不是单数或复数二选一的问题,而是在'完全的一罪'与'完全的数罪'中间,存

---

① 陈子平:《刑法总论》(第4版),元照出版有限公司2017年版,第694页。

② [日]山口厚:《刑法总论》(第3版),付立庆译,中国人民大学出版社2018年版,第390页。

在许多阶段。按照一罪性的明确程度,存在着(1)单纯的一罪(认识上的一罪),(2)评价上的一罪(法条竞合〈当然的一罪〉+包括的一罪),(3)科刑上的一罪,以及(4)并合罪。(1)与(2)被作为一罪来对待,(3)与(4)则被认为是数罪。但(2)的界限,特别是包括的一罪的范围很微妙,需要基于判例具体地予以理解。"①并给出图示如下:

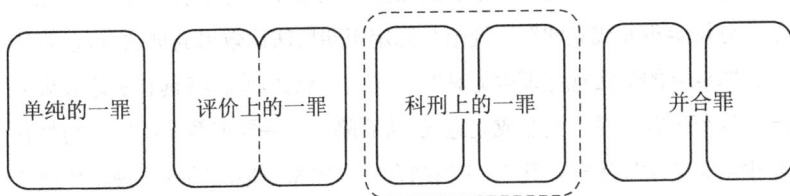

图1-4

3. 德国乌尔斯·金德霍伊泽尔教授的四分法说

该观点认为:"①针对数次违反法规,需要剔除掉其中不需加以处罚的那些对法规的违反,在定罪时也不需考虑它们(所谓不纯正的一罪)。②假若数次违反法规都可罚,那么,需要根据第52条的标准来确定刑罚(所谓纯正的一罪或者想象竞合)。假若数个不同的(犯罪)行为(或者数个一罪)违反了数个法规或者数次违反某一法规,而这数个不同的行为(或数个一罪)之间又不能成立一罪,那么,这数次违反法规之间便是数罪。需要考察的问题是,是否可以同时适用这数个法规? 针对该数罪的问题,需要考虑法条竞合的规则(如吸收):①针对数次违反法规,需要剔除掉其中不需加以处罚的那些对法规的违反,在定罪时也不需考虑它们(所谓不纯正的数罪)。②假若数次违反法规都可罚,那么,需要根据第53条及下一条的标准来确定个总和刑(所谓纯正的数

① [日]前田雅英:《刑法总论讲义》(第6版),曾文科译,北京大学出版社2017年版,第346页。

罪或者实质竞合）。"①

从上述分析可知：其一，应当区分理论上罪的数量研究与基于法律效果的罪的数量研究。罪刑法定原则是现代刑法理论的基石，犯罪构成从其本质上也就不可能离开刑法规定的规范要素。理论上罪的数量研究，并不能完全脱离刑法规范要素，应当考虑有关的刑法规范对罪的数量的成立意义。刑法理论上关于罪的数量的观点冲突与矛盾，往往是未能有效区分认定犯罪成立的刑法规范与确定犯罪后法律效果的刑法规范，将认定犯罪成立的刑法规范理解为具有法律效果意义，或者将具有法律效果的刑法规范理解为具有犯罪成立意义，从而陷入了一罪或数罪的定罪与处罚互相定义的循环迷宫。其二，应当结合不同国家或地区的刑法理论传统来认识不同国家或地区的罪的数量研究，不可照搬其他国家或地区的刑法理论观点。犯罪的行为事实是具有共性、普遍性的客观现象，认识犯罪的刑法理论却是具有个性、局域性的主观存在。出于各自的刑法理论传统，不同国家或地区的罪的数量研究必然带有自身的理论特点，对数罪处理的理论研究也更有个别化特点，难以照搬其他国家或地区的理论研究。

二、罪的数量问题与并罚关系研究

关于罪的数量或数罪的理论研究存在两种殊途同归的状态：一是由理论到立法再回归理论。在立法没有规定罪的数量或数罪并罚制度，甚至尚未制定刑法的情况下，刑法学对罪的数量或数罪的研究与犯罪构成本身的研究整合在一起，基本上是对典型一罪或典型数罪的研究。在立法规定了罪的数量或数罪并罚制度后，原有对罪的数量或数罪的研究需要根据立法进行回应，有的可能坚持理论研究的既有品格而不改变原有观点，有的可能根据立法变化而改变原有观点。二是由立法到理论再回归理论。在原有理论研究中根本没有涉及的罪的数量

---

① ［德］乌尔斯·金德霍伊泽尔：《刑法总论教科书》（第 6 版），蔡桂生译，北京大学出版社 2015 年版，第 472 页。

或数罪问题领域,立法者也有可能创制出与原有理论研究存在矛盾的立法规定,或者删除原有理论研究赞成的、与理论研究一致的立法规定,这就必然要求理论研究对此做出必要的回应。例如,2017 年 7 月修订的《德国刑法典》删除了原第 54 条规定中"(总和刑)财产刑不得超过行为人财产价值"的内容,①这就为理论研究提出了新的课题:这是否意味着数罪的财产刑并罚可以超过行为人财产价值,还是立法者对此不持确定立场而交由司法或者理论研究去处理,都需要进一步研究。由此也凸显出一个重要思路:在罪的数量或数罪问题研究方面不能完全追随立法,否则"立法者修改三个字眼,全部法律文献就变成废纸"的局面就会在所难免。②卡尔·拉伦茨发表了针锋相对的看法:"如何公正解决各式各样的利益冲突? 如何为共存建立有益的秩序? 人类一天不停止这样的追问,法学就会存在一天,不仅由于它对实践的功用,而且作为人类精神的重要表达,就会对人类不可或缺。"③将上述看法借用到关于罪的数量或数罪并罚研究中,也可以分为两个方面:法理上罪的数量之理论研究是作为人类精神的重要表达,数罪并罚规范适用的罪的数量之理论研究是对实践的功用,两者都是不可或缺的。数罪并罚有关的罪的数量研究分为两步走,先侧重从法理上研究罪的数量问题,再侧重从并罚适用上研究罪的数量问题。

(一)法理上罪的数量研究

1. 法理上罪的数量研究有关学说

在刑法学理论上,在法理上罪的数量研究主要存在犯意说、行为

---

① 何赖杰、林钰雄审译,李圣杰、潘怡宏编译,王士帆等翻译:《德国刑法典》,元照出版有限公司 2019 年版,第 54 页。

② [德]J.H.冯·基尔希曼:《作为科学的法学的无价值性——在柏林法学会的演讲》,《比较法研究》2004 年第 1 期。

③ [德]卡尔·拉伦茨:《论作为科学的法学的不可或缺性——1966 年 4 月 20 日在柏林法学会的演讲》,《比较法研究》2005 年第 3 期。

说、法益说、构成要件说、个别化说等主张,上述诸说均具有较多不足。
(1)对犯意说的批评主要有:其一,根据此说,只要是出于一个犯罪意
思,即便犯罪行为和侵害法益有数个,也只能作为一罪处罚,这并不合
理。其二,根据此说,观念竞合和牵连犯都只是基于一个犯罪意思,应
完全作为一罪处理,这也不合理。(2)对行为说的批评主要有:其一,按
照行为标准说,开一枪打死两人时也只成立一罪,这没有充分考虑被侵
害法益的数量意义,并不妥当。其二,根据此说,行为人出于杀死对方
全家的意图,将毒药放入汤碗中的行为,只能构成一罪。但假如是逐个
投入数个被害人的饭碗,则成了数罪,这存在疑问。(3)对法益说的批
评主要有:其一,当一个行为侵害的对象具有多个保护法益时,法益说
认为构成数罪,这并不妥当。完全无视犯罪成立所不可欠缺的行为和
构成要件,单独地以法益的个数来决定罪数,不符合行为在犯罪成立中
的重大意义。其二,法益说忽视了对同一法益的各种不同侵害形态,忽
视了犯罪类型的意义,也不合适。其三,根据法益说,对同一法益的侵
害即使存在意思的中断、方法的变更或者时间的隔绝,仍然成立一罪,
这并不妥当。例如,对同一被害人,间隔数日进行了二次伤害,应当成
立两罪,但此说认为只是一罪。①(4)对构成要件说的批评主要有:其
一,该学说对于以什么标准来决定构成要件的评价次数的问题,并没有
做出明确回答。②其二,该学说难以合理说明包括一罪的一罪性。其
三,根据此说,在同一场所分两次盗窃或者对同人连续进行两次殴打,
都属于两罪,但这并不合适。(5)对个别化说的批评主要有:该学说只
是根据各个不同的情况来决定罪数,已难以被称为罪数理论。③

---

①　陈家林:《外国刑法理论的思潮与流变》,中国人民公安大学出版社、群众出版社 2017
　　年版,第 639 页。

②　[日]山口厚:《刑法总论》(第 3 版),付立庆译,中国人民大学出版社 2018 年版,第 389 页。

③　陈家林:《外国刑法理论的思潮与流变》,中国人民公安大学出版社、群众出版社 2017
　　年版,第 640 页。

　　与我国犯罪成立理论和刑法立法体系相比较,上述诸学说还有其他不足。

　　(1)上述诸学说总体上不符合我国犯罪成立理论。目前我国的犯罪成立理论可称为四要件犯罪构成体系,经过客观与主观四个层面的要件遴选才能判断犯罪是否成立。上述诸学说涉及的犯意、行为、法益等内容大致对应四要件构成体系中的罪过、行为、结果等要件要素,在四要件犯罪构成体系的判断过程中,故意、行为或结果的成立不能表明犯罪的成立,更不能表明罪的数量的单数或复数。上述多种学说均以三阶层理论为基础,与我国四要件犯罪构成体系有着较多差别,通过三阶层犯罪论体系被评价为犯罪的行为在我国四要件犯罪构成体系下不一定被评价为犯罪,反之亦然。

　　(2)上述诸学说总体上不符合我国刑法立法体系。域外法系刑法对犯罪成立的立法体系与我国有着较多差别,主要有:我国认定犯罪成立的立法模式是定性加定量的综合规定体系,而域外法系认定犯罪成立的立法模式是定性规定体系。[1]我国刑法立法在总则第13条规定了但书条款,在三分之一的刑法分则中规定了情节、数额、行为程度、后果程度等量的要件要素,我国学者称之为"罪量",[2]或者"客观处罚条件",[3]或者"客观的超过要素",[4]但在域外法系刑法立法中并没有规定类似的要件要素。不具备某些法定情节、数额、行为程度、后果程度的行为,根据我国刑法规定并不能构成犯罪,但却会被域外法系刑法认定为犯罪。在我国刑法看来非常轻微的案件,在域外法系刑法却可能被认定为有罪。日本近代史上曾有一个著名的

① 储槐植、汪永乐:《再论我国刑法中犯罪概念的定量因素》,《法学研究》2000年第2期。
② 陈兴良:《规范刑法学》(上册),中国人民大学出版社2017年版,第193页。
③ 吴情树:《客观处罚条件研究》,社会科学文献出版社2015年版,第214页。
④ 张明楷:《刑法分则的解释原理》(上册),中国人民大学出版社2011年版,第473页。

"一厘事件"：日本明治时期末年，被告人违反当时的《烟草专卖法》，在缴纳种植的烟草时，将其中重约 3 克、价值 1 厘(当时的日元 1 元等于 1 000 厘)的一片烟草掐碎吃下，被执法人员发现后遭逮捕起诉。一、二审均判决被告人有罪，最后上诉至大审院，作出无罪判决，认为"轻微的违法行为……不需要处以刑罚制裁"。这一判例被认为是日本刑法学可罚违法性理论的起源。但是，"一厘事件"在当时仅是极端例外的判决。更多情况下，法院对轻微法益侵害的态度非常严厉，例如盗窃价值 2 钱(1 日元等于 100 钱)的石头、盗窃 5 张已注销的印花税发票等被认为有罪。①综上，从我国犯罪成立理论和刑法立法体系出发，适合我国国情的法理上罪的数量基准只能是犯罪构成。

2. 以犯罪构成作为法理上罪的数量基准

将犯罪构成作为法理上罪的数量基准，是犯罪构成理论在罪的数量问题上的运用。犯罪构成理论是认定犯罪是否成立的规格与标准，应当在全部犯罪论领域贯彻到底，包括数罪并罚领域的罪的数量问题。上述诸多学说仅将犯罪构成体系中的犯意、行为、结果(法益)等部分要件要素抽取出来作为认定犯罪数量的规格与标准，难免陷入无法自圆其说的困境。

以犯罪构成作为法理上罪的数量基准，具体指的是一个行为满足一个犯罪构成的为一罪，数个行为满足数个犯罪构成的为数罪，数个行为数次满足同一个犯罪构成的也为数罪。为了区别并罚意义上的不典型的一罪与数罪，可以将前者称为典型一罪、后两者称为典型数罪，具体可从下列方面展开。

(1)以犯罪构成作为法理上罪的数量基准，不必区分认识上的罪数与评价上的罪数。我国有的学者认为："一罪或数罪之判断，系以认

① 赖正直：《日本的治安体制与可罚的违法性理论》，《刑法论丛》2012 年第 1 期。

识上之罪数为出发点。倘认识上之罪数,仅为一罪时,则其评价上之罪数,仍仅为一罪。如认识上之罪数,系数罪时,始生评价上之罪数,究为一罪或数罪之问题。"①上述观点将犯罪构成标准人为分割为认识与评价两部分,既不符合犯罪构成的本质属性,也不符合罪的数量研究的客观需要,徒增理论繁琐之困扰。犯罪构成是认定犯罪的规格与标准,依照罪刑法定主义的要求,犯罪构成具有法定性。与域外法系刑法理论相比较,犯罪构成的法定性在我国犯罪构成理论中表现为既有形式判断,也有实质判断,形式判断与实质判断统一于犯罪构成体系之中。域外法系犯罪成立理论中的法定性首先表现为犯罪成立第一层次,即构成要件该当性的形式要求,其实质要求放置于后续的违法性、有责性两层次判断过程,呈现出形式判断与实质判断相分离的状态,②这与我国犯罪构成理论体系有着本质差异。

(2)典型一罪与典型数罪的认识。典型一罪或典型数罪的区分,完全是以犯罪构成为依据的犯罪成立角度进行法理上的评价,并且不具有并罚意义或者法律规定的特殊情形。两者的区分认定有两个关键方面,分别是对行为以及犯罪构成的理解。

首先,关于行为的认定。行为概念是不同犯罪成立理论的最大公约数,应当以有意行为说为基础来认识行为。刑法中的行为应具有以下特征:一是受人的意识支配,二是能够改变、影响客观事物,三是刑法上明文予以禁止。③行为以受人的意识支配为特征,能够将人的行为与其他动物的举动、自然现象相区分,也能够将人的行为与人的无意识举动(如条件反射、梦游等)相区分。人的意识指的是自然人的意识,在法律规定惩罚单位的情况下,单位的意识表现为组成单位决策机构的自

① 甘添贵:《罪数理论之研究》,中国人民大学出版社 2008 年版,第 8 页。
② [德]恩施特·贝林:《构成要件理论》,王安异译,中国人民公安大学出版社 2006 年版,第 32 页。
③ 刘宪权:《人工智能时代刑法中行为的内涵新解》,《中国刑事法杂志》2019 年第 4 期。

然人的意识集合。人的意识与人的认识、意志既有联系又有区别,联系在于,人的意识、认识、意志都属于人的精神世界属性,都建立在人的精神健康基础上。区别在于,人的意识是归属于客观要件要素的内容,是构成行为的重要特征,在刑法理论上属于客观要件范畴。人的认识、意志是归属于主观要件要素的内容,是构成罪过的重要特征,在刑法理论上属于主观要件范畴。行为能够改变、影响客观事物的特征,能够将行为与伦理、道德等非法律规范改变影响人的内心观念等现象相区别,能够将行为与人的单纯恶意表达等现象相区别,尤其对人的互联网动作表现是否可以评价为刑法上的行为具有重要意义。行为在刑法上明文予以禁止的特征,是罪刑法定原则在行为理论上的体现。通过法律规定将不能够被刑法评价的行为予以排除,通过对行为的法律特征描述发挥界限机能。有意行为属于因果行为的体系之内,因果行为遭遇到的主要批评就是无限的因果链条在刑法中的界定不清,有意行为同样也会遇到类似的批评。通过刑法明文予以禁止的特征,就可以将因果行为的链条予以明确切割,从而解决因果的无限性与行为的有限性之间的矛盾。

　　其次,关于犯罪构成的理解。行为是认识犯罪的逻辑起点,也是犯罪构成的逻辑起点,但认定了行为并不等于认定犯罪,还需要通过对其他犯罪构成要件的认定才能综合判断犯罪是否成立。行为判断是现实犯罪判断的总开关,只有确定了行为的存在,才可以启动对其他犯罪构成要件的判断。假如无法确定行为的存在,则根本没有必要启动对其他犯罪构成要件的判断。在域外法系刑法学理论上,对行为与(广义)构成要件的关系存在三种观点:行为构成要件说、违法构成要件说、违法有责构成要件说,对行为与构成要件形成何种类型关系分别进行了论证。①

---

① 陈家林:《外国刑法:基础理论与研究动向》,华中科技大学出版社 2017 年版,第 37—43 页。

由于犯罪成立理论的差异,我国不宜照搬上述观点,但某些具体看法可资借鉴。例如,小野清一郎力倡的违法有责构成要件说认为:"构成要件在将行为的违法性加以类型化的同时,也要将行为人的道义责任类型化……站在它后面的,是具有实体意义的违法性及道义责任。"①犯罪构成的立法表达集中体现为刑法规范,对于刑法规范与犯罪构成的关系,有的学者认为刑法规范首先是裁判规范,也是行为规范。②也有的学者认为:"规范人的行为,并不是刑法的专长。其他的部门法,如民法、行政法等,所有规范行为者,都是行为规范……可以说犯罪违反了法律,但不能说'犯罪分子'违反和损害了刑法,此乃语言谬误。恰恰相反,某行为符合了刑法规定,才是犯罪。"③

(二)并罚适用上罪的数量研究

1. 并罚适用上罪的数量研究的意义

由于对刑法运行和刑法解释的立场差异,法理上罪的数量研究不一定能够完全得到刑法立法或者司法的响应。两者之间的立场差异主要表现为:法理上罪的数量研究是理论研究出于犯罪论体系完善考虑,容易导致"唯体系论"倾向。为了追求犯罪论体系的精致完美而忽视现实的司法实践需要,将体系思考优先于问题思考,将体系思考与问题思考对立起来。④法理上罪的数量研究是理论研究出于追求正义的考虑,正义高于功利。较为明显的例子是英美法系理论认为判决被告人 5 个故意伤害罪、5 个抢劫罪,合计 1 000 年的刑罚是正义的。当人们对此提出是否能够执行的疑问时,学者们会认为:怎么执

---

① [日]小野清一郎:《犯罪构成要件理论》,王泰译,中国人民公安大学出版社 2004 年版,第 28 页。
② 张明楷:《刑法学》(第五版)(上),法律出版社 2016 年版,第 27 页。
③ [德]恩施特·贝林:《构成要件理论》,王安异译,中国人民公安大学出版社 2006 年版,第 17—18 页。
④ [日]平野龙一:《刑法的基础》,黎宏译,中国政法大学出版社 2016 年版,第 194 页。

行不是研究者的问题,那是监狱的问题,我们只管坚持正义认定罪刑。与之相对应,刑法立法或者司法并不完全响应理论研究,也同时需要坚持问题思考、兼顾功利的立场,需要研究并罚适用上罪的数量问题。

(1)并罚适用上罪的数量研究具有彻底贯彻罪刑法定原则的意义。罪刑法定原则是现代刑法存在与运行的基石,同样对并罚适用上罪的数量问题研究具有根本的指导意义。首先,假如将罪刑法定原则分为罪之法定与刑之法定两部分,则罪之法定可以对应罪的数量研究,刑之法定对应数罪并罚研究。将罪刑法定原则分为罪之法定与刑之法定两部分,是出于理解便利,并不意味着两者的完全分离。正如上述两步走的研究思路,罪之法定与刑之法定难以分离。对行为和其他要件要素先予以法理评价,符合犯罪构成要件的,再予以并罚意义上的罪的数量判断,罪的数量的判断实际上发挥了连接罪之法定与刑之法定的作用,最终将罪与刑统一在法定结构中。其次,罪刑法定原则对并罚适用上罪的数量问题研究具有存在论意义。在认识论上,犯罪构成体系研究长期存在观念论与存在论两种争议:前者认为犯罪构成与符合犯罪构成并不一致。例如在现行刑法中规定盗窃罪,其犯罪构成只能为一个定型,但在现实中符合盗窃罪的行为外在表现却有盗窃、多次盗窃、入户盗窃、携带凶器盗窃、扒窃、盗接或复制他人电信号码、明知是盗接或复制的电信设备、设施而使用、盗窃信用卡并使用等多种情形。假如没有法律规定将这些行为统合在盗窃罪的犯罪构成中,仅仅从行为外在表现上来看,根本无法认识到它们属于一种定型,只能通过观念的统合才能统一在一个盗窃犯罪的构成中。后者则认为犯罪构成与符合犯罪构成可以一致,假如仅仅从观念论角度来认识犯罪构成将陷入逻辑的死循环,就与"大脑如何认识大脑""大脑怎么知道大脑的存在"的问题类似。回归"存在"、结合"事态",从而可以在并罚适用上完善罪的数量研究。

(2) 并罚适用上罪的数量研究具有彻底贯彻罪刑均衡的意义。罪刑法定原则能够为认定犯罪予以惩罚确立类型,却不能确立惩罚内容与合理结构,需要通过彻底贯彻罪刑均衡的思想,来为数罪并罚的规范结构和制度运行确立适用基础。罪刑均衡原理源自古典刑事学派思想,"犯罪对公共利益的危害越大,促使人们犯罪的力量越强,制止人们犯罪的手段就应该越强有力。这就需要刑罚与犯罪相对称"。①在我国刑法中表现为《刑法》第 5 条规定的"罪责刑相适应"基本原则。从逻辑蕴涵而言,罪刑均衡原理是罪刑法定原则的派生原则,或者说是罪刑法定原则的实质侧面或内涵。②既然罪责刑相适应包含在罪刑法定原则之中,那么刑法为何还专门单独规定了罪责刑相适应原则(罪刑均衡原理)。对此应当认为,虽然罪刑均衡原理包含在罪刑法定原则之中,却只是罪刑法定原则的一个侧面或内涵,并且仅仅是罪刑法定原则的实质侧面或内涵。罪刑均衡原理还包含丰富的形式内涵,与罪刑法定原则的派生内涵并不完全匹配。特别是关于并罚适用上罪的数量问题,依照罪刑法定原则指导下的犯罪构成标准完成了法理上罪的数量认定后,却不能对立法中或实践中的各种复杂数罪现象给予妥当处理,有关数罪并罚的制度运行问题更需要罪刑均衡原理予以直接指导,从而并罚适用上罪的数量研究具有彻底贯彻罪刑均衡的重大意义。

2. 并罚适用上罪的数量类型

并罚适用上罪的数量类型分为下列四种情形:

(1) 典型一罪不应当并罚。典型一罪指的是一个行为人实施一个行为符合一个犯罪构成,因其符合标准的犯罪构成条件,也符合通

---

① [意]切萨雷·贝卡利亚:《论犯罪与刑罚》(问世 250 周年纪念增编本),黄风译,北京大学出版社 2014 年版,第 21 页。

② [日]团藤重光:《刑法纲要总论》,东京创文社 1980 年版,第 51 页。转引自马荣春:《罪刑法定原则与刑法基本原则体系的结构性》,《时代法学》2019 年第 2 期。

常的公众观念,因而称之为典型一罪。在理论上对典型一罪的处罚,遵循一罪一罚的原则,这既符合"以眼还眼、以牙还牙"的朴素报应刑观念,符合罪刑均衡的基本形式,也符合正义实现的功利对价最小化。通常情况下,刑法立法对典型一罪的处罚与理论观点一致,其通过在刑法分则中制定法定刑基准,①作为典型一罪一罚的基本规范结构。

(2) 不典型一罪不应当并罚。在典型一罪与典型数罪之间,还存在不典型一罪与不典型数罪两种罪的数量的复杂形态。不典型一罪指的是一个行为人实施一个行为形式上符合数个犯罪构成但实质上只能作为一罪,或者一个行为人实施数个行为实质上符合数个犯罪构成但依照法律规定或者非法定根据在处断上作为一罪。不典型一罪主要包括罪数形态、狭义的法条竞合犯等,广义的法条竞合犯与狭义的法条竞合犯的主要区别在于触犯数个法条的关系不同,广义的法条竞合犯除了包括具有包容关系的法条竞合犯之外,还包括具有从属关系、交叉关系的法条竞合犯。②不典型一罪具有不应当并罚的特征,根据在于法律规定或者罪刑均衡原理,不典型一罪不并罚的法律规定通常以法律拟制或者注意规定的形式出现。

(3) 典型数罪应当并罚。典型数罪指的是一个行为人实施数个不同种类的行为符合数个不同种类的犯罪构成。典型数罪的惩罚与典型一罪的惩罚既有联系又有区别,其联系在于:典型数罪的惩罚以典型一罪的惩罚为基础,都是在逻辑次序和实践处断程序上,先将典型数罪区分为个别化的典型一罪分别予以定罪处罚后,再将典型数罪予以并罚。其区别在于:典型数罪的惩罚最终表现为并罚,多数国家或地区都没有采用基于典型一罪一罚的简单并科模式,而是建立起包括限制加重、吸

---

① 　周光权:《法定刑研究》,中国方正出版社 2000 年版,第 339 页。

② 　陈兴良主编:《刑法总论精释》(第三版)(下),人民法院出版社 2016 年版,第 621 页。

收、易科等多种并罚模式共存的数罪并罚制度体系。

（4）不典型数罪规范处断后并罚。不典型数罪指的是原属于典型一罪或不典型一罪的情形，但依照刑法规定在阶段上被处断作为数罪。在我国刑法中，不典型数罪主要指的是《刑法》第70条规定的"漏罪并罚"以及第71条规定的"新罪并罚"。不典型数罪介于典型一罪与典型数罪之间，同时又与不典型一罪具有联系，其相互关系主要如下：

首先，不典型数罪与典型数罪的关系在于，一个行为人实施数个不同种类的行为符合数个不同种类的犯罪构成，假如是在一个判决宣告前被发现，并被一并处理，则属于典型数罪，适用《刑法》第69条的规定。但假如是部分行为在判决宣告前被发现并被处理，而其他部分行为在判决宣告以后前罪刑罚执行完毕以前被发现，则属于漏罪，适用《刑法》第70条的规定。例如，行为人甲实施盗窃他人一个手机的行为（价值3 000元），时隔半年后，甲使用该手机在某收费微信群中传播淫秽图片600余张、淫秽视频200余段，获利达7 000余元。司法机关仅先发现其传播淫秽物品牟利相关行为，以传播淫秽物品牟利罪判处甲2年6个月有期徒刑。在甲服刑6个月后，发现其盗窃行为，应当判处其9个月有期徒刑。假如司法机关同时发现甲实施的盗窃、传播淫秽物品牟利两个行为，应当按照《刑法》第69条的规定予以一般的数罪并罚，应当对甲在2年6个月至3年3个月之间的幅度内选择判处有期徒刑。但在甲已经服刑6个月之后才发现另一个罪行，应当按照《刑法》第70条的规定予以漏罪的并罚，即适用先并后减的并罚方法，应当对甲在2年6个月至3年3个月之间的幅度内选择一个有期徒刑的刑期，再减去已经服刑的6个月，即实际上对甲在2年至2年9个月之间的幅度内选择一个有期徒刑的宣告刑。就甲实际受到的刑罚分析，表面上看上述两种情况下，甲实际服刑的刑期总时间是一致的，即都是在2年6个月至3年3个月之间，似乎此时《刑法》第69条与第70条的适用并无明显区别。从表面的并罚总刑期看,两者之间确实没有实质差别。因不典型数罪适用"先并后减"的并罚方法,其实际服刑时间需要将"后减"的刑期重新补足,使得不典型数罪与典型数罪的实际服刑时间最终都通过"先并"的并罚方法达成一致。但是,对甲适用《刑法》第69条的并罚,将带来比适用《刑法》第70条的并罚更重的附随后果:即在前者情况下,对甲在2年6个月至3年3个月之间的幅度内选择最终判处有期徒刑的宣告刑,有可能被判处超过3年的有期徒刑,对甲就不能适用缓刑。而在后者情况下,对甲在2年至2年9个月之间的幅度内选择最终判处有期徒刑的宣告刑,该刑期不超过3年有期徒刑,对甲有很大可能适用缓刑。

其次,不典型数罪与典型一罪的关系在于,一个行为人实施一个行为符合一个犯罪构成,假如是在一个判决宣告前被发现,属于典型一罪,适用《刑法》分则有关规定一罪一罚,不应当并罚。但假如是一个行为的部分行为要素(通常是数额)在判决宣告前被发现并被处理,而其他部分行为要素在判决宣告以后前罪刑罚执行完毕以前被发现,其他部分行为要素可以独立被评价为一罪的,则属于漏罪,适用《刑法》第70条的规定。例如,甲盗窃他人一个包(价值1 000元),包里有一部手机(价值5 000元)、现金4 000元、借记卡一张(密码写在背面、余额3万元),甲担心手机销赃与借记卡使用不安全,就只拿了现钞并挥霍一空,将包连同手机、借记卡随意抛在郊外偏远之处。后甲被抓获,只承认盗窃4 000元现金的事实,没有供认抛弃其他财物,司法机关以盗窃罪判处甲1年有期徒刑。在甲服刑1个月后,其抛弃的其他财物被司法机关发现,经侦查和审讯,甲作出如实供述,对其应当按照盗窃财物价值6 000元、酌情考虑盗窃信用卡情节,判处1年6个月有期徒刑。按照《刑法》第70条的规定予以漏罪的并罚,即适用先并后减的并罚方法,应当对甲在1年6个月至2年6个月之间的幅度内选择一个有期徒刑的刑期,再减去已经服刑的1个月,即实际上对甲在1年5个月至

2 年 5 个月之间的幅度内选择一个有期徒刑的宣告刑。假如司法机关能够对甲的盗窃行为事实全部发现，应当按照盗窃罪典型一罪处理，认定盗窃数额为 1 万元、酌情考虑盗窃信用卡情节，依照有关司法解释的规定，甲的盗窃金额达到当地数额巨大标准，应当判处 3 年以上有期徒刑。可见，在甲的行为事实没有改变的情况下，由于法律规定和行为要素认定的阶段差别，导致对甲的一个行为处罚却出现了两种差别较大的法律结局。

最后，不典型数罪与不典型一罪的关系在于以下两个方面。其一，一个行为人实施一个行为形式上符合数个犯罪构成但实质上只能作为一罪，常见的如不典型一罪中的非法定罪数形态，如想象竞合犯等。假如司法机关在判决宣告前发现该行为形式上符合数个犯罪构成的全部事实，则不需要并罚，按照从一重罪一罚的办法予以处理。但假如司法机关在判决宣告前只发现行为人实施一个行为形式上符合数个犯罪构成中的部分事实，予以定罪处罚后，在刑罚执行期间又发现了行为人实施一个行为形式上符合数个犯罪构成中的其他事实，此时需要对后发现的事实定罪量刑后，再与前罪量刑按照《刑法》第 70 条的规定予以数罪并罚。其二，一个行为人实施数个行为实质上符合数个犯罪构成但依照法律规定或者非法定根据在处断上作为一罪，常见的如不典型一罪中的法定罪数形态，如连续犯等。假如司法机关在判决宣告前发现该数个行为实质上符合数个犯罪构成的全部事实，则不需要并罚，按照从一重罪一罚的办法予以处理。但假如司法机关在判决宣告前只发现行为人实施数个行为实质上符合数个犯罪构成中的部分事实，予以定罪处罚后，在刑罚执行期间又发现了行为人实施的其他行为实质上符合犯罪构成中的其他事实，则此时需要对后发现的事实定罪量刑后，再与前罪量刑按照《刑法》第 70 条的规定予以数罪并罚。例如，甲在一年之中四次运输罂粟壳，运输数量分别为 50 千克、60 千克、70 千克、80千克。假如司法机关先发现甲的前两次运输行为，按照连续犯原理处理,认定为运输毒品罪一罪,依照刑法和有关司法解释的规定,判处甲9年有期徒刑。在执行1年后,发现甲尚未处理的后两个运输行为,对后两个行为也按照连续犯原理处理,认定为运输毒品罪一罪,判处甲11年有期徒刑,并按照《刑法》第70条的规定予以数罪并罚,即将前罪已经判处的9年有期徒刑与后罪判处的11年有期徒刑并罚后,在12年至20年有期徒刑的幅度内选择一个刑期,再减去已经执行的1年有期徒刑,可能判处甲在11年至19年有期徒刑之间。但假如司法机关同时发现甲的连续四次运输毒品行为,根据刑法规定和连续犯原理,应当将甲的四次运输毒品数量累计处理,则甲的运输毒品数量累计达260千克,属于运输毒品数量大的情形,依照刑法规定判处15年有期徒刑、无期徒刑或死刑。并且根据2015年《全国法院毒品犯罪审判工作座谈会纪要》中有关"多次运输毒品等严重情节的被告人,对其中依法应当判处死刑的,坚决依法判处"的规定,将有很大可能对甲判处死刑。由此可见,相同的行为事实分别被作为不典型数罪或不典型一罪处理后,其法律后果将出现较大差别,对于贯彻罪刑均衡原理和兼顾诉讼功利有着重大影响,对于全面深入理解和实践数罪并罚制度有着重大意义。

三、数罪并罚与罪数形态的关系

犯罪构成是判断犯罪是否成立的标准与规格,依照犯罪构成判断犯罪成立时,也可能出现一个行为符合数个犯罪构成,或者数个行为符合一个犯罪构成的情况,从而造成犯罪数量认定的困境。为应对上述犯罪构成适用的困境,需要在刑法理论中研究罪数形态问题,进而为研究数罪并罚夯实基础。数罪并罚与罪数形态的关系,可简要表述为:罪数形态是罪的合并,数罪并罚是刑的合并。符合罪数形态的情形就是一罪,不能予以数罪并罚。能够予以数罪并罚的就不属于罪数形态,罪数形态与数罪并罚属于刑事责任后果的正反两面。根据是否有刑法的明确规定,可以将罪数形态分为法定的罪数形态和处断的(或称非法定的)罪数形态两类。前一类有结合犯、结果加重犯、继续犯、转化犯、法条竞合犯、连续犯。后一类有想象竞合犯、牵连犯。

(一)法定的罪数形态

1. 结合犯

结合犯指的是根据刑法的明文规定,将原有两个以上各自独立但罪名不同的危害行为,结合成一种新的犯罪。结合犯具有两个特征:独立性和法定性。(1)独立性是指向被结合的罪而言,具有两层含义:一是指被结合的罪的构成要件独立于其他任何犯罪的构成要件,二是指被结合的罪之间相互独立,各自具有独立的构成要件和独立的罪名。(2)法定性指的是数罪结合在一起,必须基于刑事法律的明文规定。法定性是针对结合的罪而言,法律没有明文规定的不可能成立结合犯,成立结合犯并不以新的罪名为条件。[1]

2. 结果加重犯

结果加重犯又称加重结果犯,是指故意实施刑法所规定的一个基本行为,由于发生了加重结果,从而使其法定刑升格的情况。结果加重犯属于法定的罪数形态之一,表明结果加重犯不同于其他罪数形态,具有作为独立形态处罚而不作为数罪并罚的必要性。结果加重犯属于法定的罪数形态,但不表明结果加重犯的处罚必要性完全来自法律规定,其在理论根据上也具有充分必要性。(1)我国刑法中的结果加重犯表现出结果责任与意思责任的融合。"结果加重犯适用范围的限定应该由因果关系的认定入手,但又超出因果关系而归结于责任的认定。"[2]结果加重犯只能符合一个犯罪构成,因而单纯的结果责任或意思责任

---

① 刘宪权:《刑法学名师讲演录》(总论)(第二版),上海人民出版社 2016 年版,第 302 页。

② 徐岱:《论结果加重犯的因果关系——基于刑法理论与司法实践关系的反省》,《法律科学》2018 年第 2 期。

都是不可取的,应当将两者进行融合。我国刑法对结果加重犯的多数规定已体现了两者融合,少数规定没有直接体现两者融合的,应当在适用层面通过刑法解释予以融合。(2)世界各国立法对结果加重犯的法定刑普遍规定较重,我国刑法也不例外,表明立法导向上难以将其认定为基本行为与加重结果为基础的数罪并罚。作为基本犯罪的故意犯罪与加重结果的过失犯罪的复合型结果加重犯,其法定刑远远重于基本犯罪的法定刑与过失犯罪的法定刑之和。例如,我国刑法对抢劫罪基本犯罪的法定刑为 3 年以上 10 年以下有期徒刑,过失致人死亡罪的法定刑最高为 7 年有期徒刑,抢劫中致人死亡的结果加重犯的法定刑为 10 年以上有期徒刑、无期徒刑或死刑。《德国刑法典》第249 条规定抢劫罪基本犯罪的法定刑为 1 年以上有期徒刑,第 222 条规定过失致死罪的法定刑为 5 年以下有期徒刑,第 251 条规定抢劫中致人死亡的结果加重犯的法定刑为无期徒刑或 10 年以上有期徒刑。假如将基本行为构成的犯罪与加重结果构成的犯罪予以数罪并罚,其并罚后的刑罚轻于结果加重犯的法定刑,反而不能体现罪刑均衡原理。

3. 继续犯

继续犯,也叫持续犯,是指行为从着手实行到由于某种原因终止以前一直处于持续状态的犯罪。

4. 转化犯

转化犯,是指行为人在实施某一较轻的故意犯罪过程中,由于行为的变化,使其转化为性质更为严重的犯罪,依照法律的规定,按重罪定罪处罚的犯罪形态。转化犯有以下三个特征:第一,转化犯是罪与罪之间的转化。第二,转化犯是故意犯罪过程中,轻罪向重罪转化。第三,转化犯是由法律明文规定的。

5. 法条竞合犯

法条竞合犯指的是行为人实施一个犯罪行为,该行为同时触犯数个在犯罪构成上具有包容或交叉关系的刑法规范,但仅适用其中一个刑法规范的情况。"迄今为止,法条竞合理论是刑法理论中最为混乱的理论之一。"①对于法条竞合的处理一般适用特别法条优于普通法条的原则。

法条竞合犯具有下列特征:第一,行为人表面上具有数个行为,但实际上行为人仅实施了一个行为,这个特征决定了最终只能适用一个法条。第二,从形式上看,行为人所实施的行为在数个法条中都有规定,具备数个法条规定的犯罪构成,但究其实质,只有一个犯罪构成。第三,只能选择一个法条适用。行为人实施的行为所符合的两个法条之间,通常认为存在其中一个法条被另一个法条所包含的情况。因为存在包容与被包容的关系,其实质就是一个罪,因此对法条竞合的处理,也必须选择其中一个法条适用。

6. 连续犯

连续犯是指基于同一或者概括犯意,连续实施数个性质相同的危害行为,触犯同一罪名的情况。其一,连续犯的认定关键在于"连续性",连续性是指这些数个或数次的行为之间,无论是从主观上还是从客观上判断,都存在一定的连续性。其二,数行为基于同一或概括的犯意而实施。在连续犯情形下,行为人可能从一开始就有实施数行为的同一犯意,或者在实施每个具体行为时,行为人可能仅仅具有单个的犯意,但是存在概括的犯意对各单个犯意起统领作用,并且贯穿于各单个犯意之中、连接着各单个犯意,通过这个概括的犯意将行为人在单个犯意下的各个行为整合为一个整体。其三,数行为触犯同一罪名。对于连续犯作为一罪认定,在我国具有法律根据,我国《刑法》第 89 条规定:对"犯罪行为有连续状态"的,其追诉时效从行为终了之日起计算,这表

---

① 周铭川:《法规竞合中特别法条和普通法条的关系探析》,《中国刑事法杂志》2011 年第 3 期。

明对连续犯应作为一罪来认定。

(二)非法定的罪数形态

1. 想象竞合犯

我国刑法通说认为想象竞合犯指的是在同一个罪过支配下,实施一个行为触犯数个罪名的情形。我国对想象竞合犯没有作出法律规定,但有的国家对此作出立法规定。《日本刑法典》第54条规定:"一个行为同时触犯两个以上的罪名……按照其最重的刑罚处断。"①《德国刑法典》第52条规定:"(1)同一行为触犯数个刑法规定或同一刑法规定多次者,仅宣告一个刑罚。(2)触犯数个刑法规定者,依最终法定刑之规定宣告其刑。宣告之刑不得低于其他可适用之规定所容许者。"②

想象竞合犯的特征主要有下列两个方面:(1)想象竞合犯只实施一个行为。有的观点认为,想象竞合的本意是"复数犯罪行为在观念上的共同实现",其指出"德国旧刑法(1871年《德国刑法典》)关于竞合论的标题,就是'复数犯罪行为之汇聚'。据此,所谓真正的竞合,就是在同一诉讼程序中确实发现了有复数的犯罪行为,以区别于那些虽触犯数罪名但只有单一犯罪行为的情形(法条竞合)。换言之'想象竞合'的本意是'复数犯罪行为在观念上的共同实现',意在提醒人们注意,其外观上虽只有单一的行为,但应从观念上把握其蕴涵的复数犯罪行为"。③应当以因果行为论中的有意行为说来界定刑法中的行为内涵,以有意行为说为基础。④(2)想象竞合犯触犯两个以上罪名。所谓触犯两个以

---

① 张凌、于秀峰编译:《日本刑法及特别刑法总览》,人民法院出版社2017年版,第19页。
② 何赖杰、林钰雄审译,李圣杰、潘怡宏编译,王士帆等翻译:《德国刑法典》,元照出版有限公司2019年版,第51页。
③ 庄劲:《罪数的理论与实务》,中国人民公安大学出版社2012年版,第189页。
④ 刘宪权:《人工智能时代刑法中行为的内涵新解》,《中国刑事法杂志》2019年第4期。

上罪名,指的是一个行为在刑法评价上符合两个以上的犯罪构成、成立两个以上的犯罪。刑法理论上对如何认识两个以上的罪名,存在同种罪名说和异种罪名说两种观点:前者认为想象竞合犯实施一个行为触犯的罪名可以是同一种。①后者认为想象竞合犯实施一个行为触犯的罪名只能是不同种类而不能是同一种。②本书赞成后者观点,假如认可想象竞合犯触犯的罪名可以是同种罪名,由于同种罪名的量刑是一致的,两个以上相同罪名的量刑无法区别出轻刑与重刑,将导致想象竞合犯无法适用"从一重处断"或者"从一重重处断",从而导致量刑处断的混乱,最终令想象竞合犯难以成立。

2. 牵连犯

牵连犯指的是行为人以实施某一犯罪为目的,其方法(手段)或结果行为触犯其他罪名的犯罪形态。牵连犯的本质在于其是实质上的数罪,处断上的一罪。对于牵连犯的处罚,则必须坚持从一重重处罚的原则而不能实行并罚。③

在域外刑法理论上还存在牵连犯的"夹结"或者"搭扣"现象,给牵连犯的处断带来较多争议困境。该问题指的是:两个本来相互独立的危害行为,分别与第三个行为构成牵连犯,第三个行为发挥"夹子"或者"搭扣"的作用令三个行为合为一体,应当如何作出罪的数量评价。例如,甲非法侵入他人住宅,并分别杀害了 X、Y、Z 三人,由于非法侵入他人住宅与杀人属于牵连犯关系,因而本案以非法侵入他人住宅这一个行为作为"搭扣",分别与其他三个杀人行为相关联。对此,判例认为三个"住宅侵入与杀人"属于牵连犯,将整个犯罪以科刑上的一罪来处断。因此,根据《日本刑法典》第 199 条("杀人":处死刑、无期或者 5 年

①　陈兴良:《刑法适用总论》(上卷)(第三版),中国人民大学出版社 2017 年版,第593 页。

②　吴振兴:《罪数形态论》,中国检察出版社 1996 年版,第 64 页。

③　刘宪权:《我国刑法理论上的牵连犯问题研究》,《政法论坛》2001 年第 1 期。

以上惩役)与第 12 条("惩役"有期惩役为 1 个月以上 20 年以下)的相关规定,本案的处断刑应为死刑、无期或者 5 年以上 20 年以下惩役。与此相反,若甲在户外分别杀害了 X、Y、Z 三人,则属于并合罪,根据并合罪加重的规定(第 47 条"并合罪的有期惩役和禁锢的加重";第 14 条"有期惩役和禁锢的加减限度":有期惩役或者有期禁锢加重时,可以加至 30 年),其有期惩役的处断刑应该是 5 年以上 30 年以下,因而与前者之间明显存在刑罚上的不均衡。①域外法系学者对此提出了多种解决方案,方案一认为:作为"搭扣"的行为处罚过轻的场合,就不承认其"搭扣"作用,直接将其他行为作为并合罪处理。方案二认为:将作为"搭扣"的行为与其他行为分别起诉,用诉讼程序化解实体矛盾。方案三认为:各个行为都作为独立行为,按照想象竞合犯处理。②本书认为,就目前日本、德国现行刑法而言,上述方案都不能真正解决"搭扣"困境:方案一实质上没有对作为"搭扣"的行为作出评价,从根本上违反了刑法宗旨。方案二用诉讼方法规避刑法规定,相当于将各自现行刑法规定虚化。方案三违反了其各自现行刑法的规定。因此,就日本、德国现行刑法而言,虽然该问题确实造成了罪刑失衡现象,但在现行刑法尚未修改的情况下,"搭扣"现象尚无更为妥当的解决方案。

第四节　可并罚数罪的立法形式

可并罚数罪的立法形式是在刑法立法上讨论可并罚的数罪在刑法规范上的表现形式,主要是以我国刑法总则与分则有关规定为基础,讨

---

① [日]西田典之:《日本刑法总论》,王昭武、刘明祥译,中国人民大学出版社 2007 年版,第 351 页。
② [日]大谷实:《刑法总论》(新版第 2 版),黎宏译,中国人民大学出版社 2008 年版,第 451 页。

论可并罚数罪在刑法总则与分则中的立法形式。可并罚数罪的立法形式研究需要两个方面的协调:既要以数罪并罚的法理基础论为先导,同时也需要关注整体的刑法理论与刑法立法之间的复杂关系。在全部的部门法体系中,刑法理论与刑法立法之间的关系可能最为复杂:一方面两者都统一在罪刑法定主义之下,另一方面两者之间又存在较多的矛盾和不一致。我国刑法属于较为成熟的成文法体系,刑法对数罪、并罚以及数罪并罚作了较为全面细致的规定,然而这些规定却存在条文较多、条理不足的现象,往往需要通过刑法解释予以适用完善。由此,可并罚数罪的立法形式一方面承接数罪并罚的学理基础,另一方面又为数罪并罚的刑种制度、阶段制度和相关关联制度运行做了必要的立法规范准备。首先,可并罚数罪的立法形式主要是裁判指引规范而不是行为评价规范。其次,可并罚数罪的立法形式虽在刑法总则有体现,但更多地规定在刑法分则中。我国刑法在分则中有十余处条文规定了可并罚数罪的内容,有的是对可并罚数罪的注意规定,有的是对可并罚数罪的改变或称拟制,有的包含了前两者的混合规定。改变了通常一构成一罪、数构成数罪,一罪一罚、数罪数罚、数罪并罚的处理结构,对此需深入分析。

依照犯罪构成标准确定法理上的数罪,从根本上是罪刑法定主义指导下的定罪类型。现代刑法也是以罪刑法定主义为根基的规范体系,因而法理意义上的数罪多数得到了刑法规范的认可,成为规范处断的数罪。但是,仍有一些法理上属于数罪的情形,刑法立法上却不属于数罪,两者之间存在较大差异。其一,刑法立法存在明确性问题。刑法规范隐藏于刑法条文之后,刑法规范通过刑法条文表达出来。多数刑法条文能够直接表达刑法规范,但由于刑法立法的理念或技术问题,有的刑法条文并不能直接表达出刑法规范,这就出现了刑法规范的不明确性问题。此时就理论而言需要发现规范,就司法而言需要找法,"司法首先要'找法',即寻找或者确定哪些可以据以裁判的法律规范。'找法'是法律适用的重要起点"。①假如认可找法是法律适用的重要起点,还需要继续补充,规范明确是找法的重要起点。当刑法对数罪具有明确规范指引时,应当按照刑法规范的指引进行数罪的认定,进行认定数罪的"找法"。当刑法对数罪不具有明确规范指引,应当在不违反刑法规范指引的前提下进行是否规范处断为数罪的刑法解释。其二,可并罚数罪的立法形式受到诉讼因素的多重影响。依照犯罪构成标准对行为事实进行法理评价,只需要考虑行为事实本身的体系构造合理性即可,不需要考虑认定犯罪诉讼过程的影响。而刑法立法对可并罚数罪的规定,应当考虑到诉讼因素的多重影响:诉讼阶段对行为事实的分割、刑罚执行过程对并罚效果的影响、诉讼中的刑罚裁量因素对数罪认定的影响等。其影响如此之大,以至于有的国家(例如韩国)专门在刑法中规定了诉讼意义上的数罪。②我国刑法虽然没有专门规定诉讼意义上的数罪,但刑法立法时很大程度上体现了数罪的诉讼因素,尤其是将行为事实区分为漏罪、新罪的并罚,更加突出地显现出我国刑法在可并罚数罪的立法形式方面的创新性。

一、我国刑法总则中可并罚数罪的立法形式

(一)数罪并罚的法律后果与刑的合并

1. 刑的合并是数罪并罚的规范实质

如前文所述,数罪并罚在理论上的体系定位归属于刑罚论。与之相对应,数罪并罚的规范实质是刑的合并,而不是罪的合并,主要理由是:(1)数罪并罚的实质可能有理论实质与规范实质的区分。数罪并罚的理论实质指的是数罪并罚的刑罚论体系定位,数罪并罚的规范实质则是刑的合并。(2)刑的合并与罚的合并存在区别。我国刑法的刑,在狭义上指的是刑罚种类,即主刑与附加刑。我国刑法的罚,在狭义上指

---

① 孔祥俊:《法律解释与适用方法》,中国法制出版社 2017 年版,第 2 页。
② 金昌俊:《韩国刑法总论》,社会科学文献出版社 2016 年版,第 247 页。

的是刑事责任承担方式,即包括狭义的刑与其他非刑罚责任承担方式,比如《刑法》第36条规定的赔偿经济损失与民事赔偿责任,第37条规定的非刑罚性处置措施,第37条之一规定的竞业禁止等。从我国目前刑法规定而言,数罪并罚都是针对主刑和附加刑的并罚,并没有规定其他非刑罚责任承担方式的并罚。

数罪并罚的规范实质是刑的合并,具体有以下表现:(1)依照刑法原理本应当属于一行为一罪、一罪一罚的情况,有可能被立法者拟制为数罪进行并罚。立法者通晓一行为应当为一罪、一罪应当只能予以一罚的道理,为何却将其规定为数罪并罚,明显是将数罪并罚视为刑的合并,并不过多考虑罪的问题。对此,将在下文第2点详细分析。(2)数罪并罚通常是数罪中的每一个罪都应当受到确定的刑罚处罚,再予以合并处罚。但在我国刑法中规定有免予刑事处罚的制度,从规范层次上,可以将免予刑事处罚的规定分为三种类型:一是在刑法总则第37条制定了原则性规定。二是在刑法总则中就有关对外国刑事判决的消极承认、又聋又哑的人或盲人犯罪的刑事责任等一般责任内容规定了免予刑事处罚的适用规定。三是在刑法分则中就行贿人在被追诉前主动交待行贿行为等具体罪行责任方面规定了免予刑事处罚的具体规定。

数罪中假如存在一个或者多个免予刑事处罚的罪,如何对免予刑事处罚的罪与其他犯罪进行并罚,涉及刑的合并认识与适用问题。例如,2004年年初,苏某采用虚假担保方式骗领了一张某银行贷记卡,后透支人民币5 000余元,经多次有效催讨,其仍不归还。某银行报案后公安机关予以立案,经公安机关电话通知,苏某到公安机关供认恶意透支信用卡消费的事实,并退缴透支款。某区人民检察院对苏某以信用卡诈骗罪提起公诉,同时另查明:2005年5月苏某因犯票据诈骗罪被某区人民法院判处3年有期徒刑、缓刑3年,在一审审理时,苏某正处于缓刑考验期间。法院经审理认为,被告人苏某已构成信用卡诈骗罪,鉴于苏某系自首并退赔全部违法所得,且犯罪情节较轻,依法可对其免予刑事处罚,且对原票据诈骗罪的缓刑判决也不需要改判实刑。一审宣判后,公诉机关提起抗诉,认为应当数罪并罚。二审法院认为:法律没有对免予刑事处罚和其他刑罚的并罚作出明确规定,因而未予支持。①

对上述情况的处理,存在两种意见。第一种意见为肯定说,认为一审与二审法院的判决是合法、合理的。②第二种意见为否定说,认为苏某所犯的后罪系缓刑考验期限内发现的漏罪,应依照《刑法》第77条的规定,先撤销原判决的缓刑部分,将前罪与后罪的处罚依照《刑法》第69条的规定数罪并罚,再决定执行3年有期徒刑、缓刑3年。③

本书认为,上述观点均不全面,虽然都指出了缓刑执行期间发现免予处罚型漏罪处理的部分问题,却又将撤销缓刑的条件与撤销缓刑后的处理混为一体,造成理论上与实践中的矛盾。其一,根据《刑法》第77条的规定,在缓刑考验期限内发现判决宣告以前还有漏罪没有处理的,应当撤销缓刑,不管该漏罪是否需要受到刑事处罚,也不论受到的处罚是轻刑还是重刑。换言之,在缓刑考验期限内与漏罪相关的撤销缓刑的法定条件只有一个:"发现"判决宣告以前还有其他罪没有判决的即可,这实际上是一个通过刑事诉讼程序予以判断的事实条件,并不是刑法的实体条件。由此,第一种意见中认为不需要撤销原判缓刑的看法不符合刑法规定,也是不合理的。其二,根据《刑法》第77条的规

---

① 参见:一审:上海市黄浦区人民法院(2007)黄刑初字第706号,二审:上海市第二中级人民法院沪二中刑终字第94号。

② 沈解平、陈柱钊:《免予刑事处罚型漏罪对缓刑执行的影响》,《人民司法·案例》2009年第20期。

③ 肖晚祥、邱胜冬:《缓刑漏罪中的数罪并罚问题》,《人民法院报》2008年10月15日第4版。

定,在缓刑考验期限内发现判决宣告以前还有漏罪没有处理的,应当撤销缓刑。但在撤销缓刑之后,是否对原判刑罚与新发现的罪进行并罚,属于两个法律过程。在撤销缓刑之后,有可能不需要进行数罪并罚。因为根据《刑法》第 77 条的规定,需要对漏罪作出判决,把前后两个罪所判处的刑罚,依照第 69 条并罚后,决定执行的刑罚。该规定隐含了对缓刑考验期内发现漏罪的数罪并罚的前提:即前罪和后罪应当存在被判处的刑罚,假如后罪判处免予刑事处罚,则不能被认为存在被判处的刑罚,因而也就不能进行数罪并罚。由此,第二种观点中对苏某的票据诈骗罪与后发现的信用卡诈骗罪进行并罚的看法不符合法律规定,也是不合理的。综上,对上述案件应当做如下处理:对后发现的苏某信用卡诈骗罪进行判决,作出免予刑事处罚的决定,再以此作为依据,依照《刑法》第 77 条的规定,撤销原判决中对票据诈骗罪处罚的缓刑部分,决定执行原判决的 3 年有期徒刑。

2. 基于刑的合并对数罪并罚制度的规范理解

立法者针对某种危害现象是否设置数罪并罚制度,主要考虑一罪一罚是否已达到惩治该行为的充分程度,并不主要考虑该行为在法理上或现实中的罪数问题。在法理层面,假如某个现象在刑法上完全属于数个行为,但立者认为对数个行为设置为一罪,已足够达到惩治的充分程度,也不会数罪并罚。立法者假如认为需要对某种危害现象设置数罪并罚制度,主要考虑数个刑的合并是否达到量刑均衡,并不过多考虑数个刑的合并与数个罪的合并之间的协调。

例如,从我国刑法对骗取出口退税罪的数罪并罚条款的立法变迁,能够得到较为直观的认识。我国立法机关于 1996 年初开始正式草拟刑法的修订稿本,在刑法修订研拟中,对骗取出口退税罪的犯罪构成、法定刑以及数罪并罚都作了较大幅度的修改。从本罪被写入刑法修改稿本的过程分析,其立法规范先后经历过一系列的较大变化,具体如下表所示:

表 1-1　《刑法》修订骗取出口退税罪条变迁表

序号	修订稿本	修订后模式
1	1996 年 8 月 8 日分则修改草稿	移植《全国人大常委会关于惩治偷税、抗税犯罪的补充规定》中的（未税）骗取出口退税罪
2	1996 年 8 月 31 日分则修改草稿	删除骗取出口退税罪
3	1996 年 10 月 10 日修订草案（征求意见稿）	另行规定（已税）骗取出口退税罪，（未税）骗取出口退税罪（以诈骗罪量刑）
4	1997 年 1 月 10 日修订草案	（未税）骗取出口退税罪（以诈骗罪量刑），[（已税）（票据诈骗罪＋金融凭证诈骗罪）＋（超税）骗取出口退税罪（以诈骗罪量刑）＝并罚]
5	1997 年 2 月 17 日修订草案修改稿	（未税）骗取出口退税罪（以诈骗罪量刑），[（已税）偷税罪＋（超税）骗取出口退税罪（以诈骗罪量刑）＝并罚]
6	1997 年 3 月 1 日修订草案	（未税）骗取出口退税罪（独立法定刑），[（已税）偷税罪＋（超税）骗取出口退税罪（独立法定刑）＝并罚]
7	2009 年《刑法修正案（七）》修正逃税罪以后	（未税）骗取出口退税罪（独立法定刑），[（已税）逃税罪＋（超税）骗取出口退税罪（独立法定刑）＝并罚]

对《刑法》第 204 条第 2 款的理论评价，学界主要有肯定说和否定说两种观点。肯定说认为："《刑法》第 204 条第 2 款……更有利于罪责刑相适应原则的体现。"[1]否定说方面，有的认为："这实际是一行为同时触犯两个罪名，属于想象竞合犯，应当按照处理想象竞合犯的原则，

---

① 陈建清：《论骗取出口退税行为的刑法适用及处罚》，《暨南学报（哲社版）》2016 年第 11 期。

从一重处断。"①有的认为："实属新刑法中的一大败笔。"②还有的认为："这种立法上的错误还可能导致处罚上的尴尬……从立法论上讲,刑法第 204 条第 2 款的规定因极不合理而应废除。"③

　　上述观点都有可取之处,但总体上都需要进一步商榷。目前包括肯定说和否定说在内的所有观点,都忽视了数罪并罚的本质是刑的合并,而拘泥于讨论该款规定是否符合数罪或者罪数形态的原理,拘泥于讨论纳税人缴纳税款后骗取所缴纳的税款的行为是属于罪的合并还是罪的分割,④这就造成讨论偏离方向、难以真正解决分歧的局面。从《刑法》第 204 条的立法修订过程可以看出,立法者早已关注到骗取出口退税行为的本质属性是诈骗,并且已缴纳税款后却使用欺骗方法骗取国家出口退税的,相对于未缴纳税款后却使用欺骗方法骗取国家出口退税的,危害表现较为复杂。需要分为两个部分考虑:其一是已缴纳税款后却使用欺骗方法骗取与已缴纳税款等额的国家出口退税,其二是已缴纳税款后却使用欺骗方法骗取超出已缴纳税款数量的国家出口退税,因而需要适用并罚方法。但立法者对适用并罚的数罪选择并没有考虑是否符合刑法有关数罪的原理,所以 1997 年 1 月 10 日修订草案中拟定"……依照票据诈骗罪和金融凭证诈骗罪的规定定罪处罚。骗取税款超过所缴纳的税款部分,依照诈骗罪的规定处罚"。假如刑法修订时采用该版草案内容,骗取出口退税行为将可能适用票据诈骗罪、金融凭证诈骗罪和诈骗罪的三罪并罚。只是由于考虑到上述三罪的定罪基准过低(诈骗罪定罪只需千元级)、最高刑过重(可至无期徒刑),三罪并罚必将造成量刑失衡,立法者才不得不改用量刑较轻的偷税罪(逃

---

① 　张小虎:《罪刑分析》(上册),北京大学出版社 2002 年版,第 228 页。
② 　肖中华等:《论刑法中的禁止不当评价》,《法律适用》2000 年第 3 期。
③ 　陈洪兵、安文录:《税收刑法的司法适用及立法评析》,《四川警官高等专科学校学报》2004 年第 6 期。
④ 　肖中华等:《论刑法中的禁止不当评价》,《法律适用》2000 年第 3 期。

税罪)和独立法定刑并罚。由此也可以认为,有关定罪的合理性和数罪问题并不是立法者优先考虑的问题。

(二)依照刑法总则应当并罚的数罪

依照刑法总则应当并罚的数罪,比较有意义的是对判决宣告前的同一主体的单位行为和个人行为触犯同一罪名是否应并罚的问题研究。

例如,被告人程某是被告单位 AB 公司直接负责的主管人员,被告单位 AB 公司在无实际货物往来的情况下,让他人为 AB 公司虚开增值税专用发票,虚开的税款数额巨大。被告人程某还介绍他人虚开增值税专用发票,虚开的税款数额较大。法院判决:程某犯虚开增值税专用发票罪(单位犯罪),犯虚开增值税专用发票罪,两罪并罚。对该案的处理存在不同观点。第一种观点认为:同种数罪不并罚,对于单位犯罪和自然人犯罪应区分主次,按主要犯罪处理。第二种观点认为:单位犯罪和自然人犯罪不能混淆,两者即使具体罪名相同,也应数罪并罚。第三种观点认为:既不数罪并罚,也不将两种数额相加后再确定量刑档次,而是择一重罪处罚,其他行为作为从重情节考虑。[1]对此我国学者也有类似支持观点,"单位犯罪和直接责任人员自然人犯罪之间应当是一种并存关系,而非非此即彼"。[2]

本书认为,就我国刑法规范而言,单位内直接负责的主管人员和其他直接责任人员承担单位犯罪的刑事责任,与自然人犯该罪应当承担的刑事责任,法律基础不同,作为一罪处理难以体现单位犯罪与自然人犯罪的归责差异性。单位犯罪体现的是单位意志的整体性和利益归属的团体性,自然人犯罪体现的是个人意志且利益归属个人。假如对同

---

[1]　罗开卷:《同一主体的单位行为和个人行为触犯同一罪名应两罪并罚》,《人民司法·案例》2017 年第 20 期。

[2]　王志远:《规范确证:刑法社会机能的当代选择》,《东南学报(哲社版)》2017 年第 5 期。

一主体触犯同一罪名的单位犯罪和自然人犯罪合并一罪处理,则难以体现单位犯罪与自然人犯罪的差异性,其实质是混淆了单位犯罪和自然人犯罪,与客观事实不符。两罪并罚则能全面、客观地评价单位犯罪和自然人犯罪,并且我国刑法规定的单位犯罪予以双罚制规则,同样表明在刑罚论上予以并罚的规范可行性。"制裁并科的真正问题,在于这种并科是否违反罪刑均衡原理(而不在于是否违反禁止二重处罚原则)。"①

二、我国刑法分则中可并罚数罪的立法形式

分析了我国刑法总则对可并罚数罪的立法形式后,还需要进一步分析我国刑法分则中可并罚数罪的立法形式。由于立法者的立场不同,导致数罪并罚在分则规范结构差异较大。刑法分则中对数罪并罚的规定在规范结构上呈现出三种不同的状态:注意规定、拟制规定和混合规定。注意规定指的是在刑法条文中专门列出,以重点提醒司法工作人员注意的规定。②拟制规定指的是立法者有意用现有的法律规范去解释和适用社会生活中出现的新情况、新问题,达到既能适应社会需要又能体现法律基本价值之目的的法律规范。混合规定指的是一个刑法条文中可能同时包含注意规定和拟制规定的情形。③

(一)刑法分则专门在一个条文中对数罪并罚的注意规定

目前刑法分则专门在一个条文中对数罪并罚的注意规定,主要有9处条文。包括:第120条第2款、第157条第2款、第198条第2款、第244条之一第2款、第294条第4款、第300条第3款、第318条第2款、第321条第3款、第358条第3款。值得关注的主要有以下问题:

1. 关于第198条第2款的适用问题

行为人如果实施符合第198条第1款的其他项行为,同时构成其

---

① [日]佐伯仁志:《制裁论》,丁胜明译,北京大学出版社2018年版,第18页。
② 李振林:《刑法中法律拟制论》,法律出版社2014年版,第156页。
③ 李振林:《刑法中法律拟制论》,法律出版社2014年版,第1页。

他犯罪的,应当如何处理。①刑法对此并没有作出明确规定,司法机关
在处理类似案件中亦存在不同认识。例如,山东省某县人民法院于
2015 年 12 月作出刑事判决,以被告人张某军犯保险诈骗罪、伪造国家
机关公文、印章罪,合并执行有期徒刑 12 年,并处罚金人民币 11 万元。
张某军不服上诉,上级法院撤销原判、发回重审。经原审法院重审后作
出判决,认为:被告人张某军等构成保险诈骗罪,同时伪造道路交通事
故认定书并加盖伪造的交警事故处理专用章和交通事故处理资格章,
构成伪造国家机关公文、印章罪,数罪并罚。

　　应当认为,上述一审法院第一次的判决值得商榷,二审法院发回重
审有其合理性,重审法院的判决仍不妥当。被告人张某军的行为主要
包括:指使他人假冒交警、尸体,伪造事故发生现场。伪造道路交通事
故责任认定书、尸检报告书等骗取保险金。被告人张某军的行为在本
质上符合无刑法规定性和不并罚性,在形式上符合牵连犯的行为的复
数性、行为的独立性、行为的异质性和行为的牵连性四个特征,因而应
当成立牵连犯。牵连犯是实质上的数罪、处断上的一罪,对于牵连犯必
须坚持从一重重处罚的原则而不能实行并罚。当法律没有对牵连犯的
处罚作出数罪并罚规定时,应当按照牵连犯的本质和处断原则进行处
罚。就该案而言,《刑法》第 198 条第 2 款没有对编造未曾发生的保险
事故,并伪造国家机关公文、印章后骗取保险金的牵连犯行为规定为数
罪并罚,则应当适用牵连犯的通常处断规则,即应当认定构成保险诈骗

---

① 《刑法》第 198 条:"有下列情形之一,进行保险诈骗活动,数额较大的……:(一)投保
　人故意虚构保险标的,骗取保险金的。(二)投保人、被保险人或者受益人对发生的
　保险事故编造虚假的原因或者夸大损失的程度,骗取保险金的。(三)投保人、被保
　险人或者受益人编造未曾发生的保险事故,骗取保险金的。(四)投保人、被保险人
　故意造成财产损失的保险事故,骗取保险金的。(五)投保人、受益人故意造成被保
　险人死亡、伤残或者疾病,骗取保险金的。
　　有前款第四项、第五项所列行为,同时构成其他犯罪的,依照数罪并罚的规定
　处罚。"

罪和伪造国家机关公文、印章罪两罪,但判决时应当按照从一重重处罚原则处断,以保险诈骗罪定罪从重处罚。

2. 关于第 244 条之一第 2 款的适用问题①

造成事故、又构成其他犯罪的指的是:雇用童工从事危重劳动且情节严重的行为造成生产经营事故,造成符合刑法规定的财产损失和人员伤亡后果的情形,可能构成重大责任事故罪、强令违章冒险作业罪、危险物品肇事罪和其他过失侵害人身权益犯罪。上述数种行为符合数个犯罪构成,应当进行数罪并罚,因而刑法此处的规定属于注意规定。但需要注意的是,第 244 条之一第 2 款中"造成事故"的条件,违背刑法禁止重复评价原则,也可能会造成数罪并罚难以实现的局面。例如,陈某雇用童工从事危重劳动案中,2007 年 4 月被告人陈某明知被害人李某某属于儿童(1992 年 12 月 1 日出生),仍非法雇用到其公司工作,在明知该公司仓库存放易燃和具有危险性的甲苯或乙苯等溶剂的情况下,仍安排被害人李某某进入仓库工作。被害人李某某在无任何安全保护措施之情况下,抽取甲苯或乙苯等溶剂提供给印刷车间使用。该月 15 日,被害人李某某在上述仓库内抽取上述溶剂,因操作不慎导致溶剂发生燃烧并蔓延,造成被害人李某某三级伤残。法院认为:被告人陈某作为企业负责人,违法雇用不满十六周岁的被害人在易燃性危险环境下从事劳动,致被害人三级伤残,其行为已触犯刑律,构成雇用童工从事危重劳动罪,属于情节特别严重情形。判决被告人陈某犯雇用童工从事危重劳动罪,有期徒刑 3 年,缓刑 3 年 6 个月,并处罚金人民币 3 000 元。②其一,"造成事故"的规定与构成雇用童工从事危重劳动罪所需的"情节严重"或"情节

---

① 《刑法》第 244 条之一:"违反劳动管理法规,雇用未满十六周岁的未成年人从事超强度体力劳动的,或者从事高空、井下作业的,或者在爆炸性、易燃性、放射性、毒害性等危险环境下从事劳动,情节严重的……

　　　有前款行为,造成事故,又构成其他犯罪的,依照数罪并罚的规定处罚。"
② 参见广东省汕头市龙湖区人民法院(2014)汕龙法刑初字第 126 号判决书。

特别严重"形成多重评价,违背刑法禁止重复评价原则。法院认为:陈某雇用童工李某某并从事危重劳动且情节特别严重,构成雇用童工从事危重劳动罪,此处的情节特别严重应当指的是李某某因操作不慎导致溶剂发生燃烧并蔓延,造成本人三级伤残受伤的情节,在该案中指的就是"造成事故"。雇用童工从事危重劳动定罪需要情节严重,而情节严重表现为"发生事故","发生事故"则是构成其他犯罪的先决条件,这三者明显属于对陈某雇用童工从事危重劳动的单一行为进行了多次评价,不利于对行为人的公正定罪。其二,"造成事故"的规定可能会造成数罪并罚难以实现的局面。在我国刑法语境中,"造成事故"表现为在生产经营过程中因违反规章而过失造成危害结果。"造成事故"又构成其他犯罪的,需要因过失造成事故的危害结果相当严重,通常表现为多人重伤、死亡或财产重大损失,否则不能构成犯罪。现实生活中,违法行为人雇用童工从事危重劳动能够造成严重后果的情况相当罕见。正如陈某案所见,该案中"造成事故"的后果只有被害人李某某一人轻伤三级,在我国刑法体系中没有能够对该后果予以评价的事故类罪名,因而也就不能数罪并罚,这就造成上述条款难以实现的空转局面。对此,可考虑两种解决途径:其一,删除该条款中"造成事故"的条件。其二,假如不删除该内容,则需要将"情节严重"或"情节特别严重"的适用解释与"造成事故"区分开来,以真正将该条款的数罪并罚要求落到实处。

3. 关于第 358 条第 3 款的适用问题①

在废除组织卖淫罪、强迫卖淫罪的死刑以及取消情节特别严重的规定之后,为防止修订后的组织卖淫罪、强迫卖淫罪量刑出现失衡,刑法从而作出上述修正。例如:修订后的条文取消了原条文中情节特别

---

① 《刑法》第 358 条:"组织、强迫他人卖淫的,处五年以上十年以下有期徒刑,并处罚金……组织、强迫未成年人卖淫的,依照前款的规定从重处罚。

犯前两款罪,并有杀害、伤害、强奸、绑架等犯罪行为的,依照数罪并罚的规定处罚。"

严重的处理规定,但实践中仍有同时具备两个甚至两个以上情节严重的情形。假如没有《刑法》第 358 条第 3 款的规定,对强奸幼女多次后又强迫幼女多次卖淫的情况,只能适用《刑法》第 358 条第 1 款、第 2 款规定,可能会造成罪刑失衡。①但在规定了《刑法》第 358 条第 3 款之后,则可以对上述情形适用数罪并罚,重构罪刑均衡。

(二)刑法分则专门在一个条文中将实质一罪拟制为数罪并罚

将本来实质上属于一罪却通过法律拟制为数罪,指的是刑法将应当视为一个整体进行评价并应当作为一罪处断的犯罪行为,通过法律的强制性规定改变了第 69 条关于数罪并罚的规定,而将其作为数罪对待的情形。目前该种拟制情形在我国刑法分则中主要规定于《刑法》第 204 条第 2 款:"超过所缴纳的税款骗取税款,其所骗取的超过所缴纳的税款部分……属于诈骗性质,与第一款规定的骗取国家出口退税罪的性质是一样的。"②所以将上述情况规定为数罪并罚。

(三)刑法分则对数罪并罚的混合规定

1.《刑法》第 241 条第 4 款的规定③

该款内容属于混合规定,包含注意规定和拟制规定两种情况。(1)注

---

① 有观点认为:为避免重复评价,若已将"幼女"作为强迫卖淫罪"情节严重"的评价要素予以评价,就不宜再适用《刑法》第 358 条第 2 款之规定在加重法定刑范围内再从重处罚。为此,基于维护刑法定原则的立场,将《刑法》第 358 条第 2 款中的"未成年人"限制解释为"已满 14 周岁不满 18 周岁的人"或为相对合理的解决方案。参见莫洪宪、夏朗:《论强迫幼女卖淫行为的司法认定——对法释【2017】13 号司法解释的质疑》,《中南民族大学学报(人文社会科学版)》2018 年第 1 期。

② 全国人大常委会法制工作委员会刑法室编,李淳、王尚新主编:《中国刑法修订的背景与适用》,法律出版社 1998 年版,第 257 页。

③ 《刑法》第 241 条第 2—4 款:"收买被拐卖的妇女,强行与其发生性关系的,依照本法第二百三十六条的规定定罪处罚。

收买被拐卖的妇女、儿童,非法剥夺、限制其人身自由或者有伤害、侮辱等犯罪行为的,依照本法的有关规定定罪处罚。

收买被拐卖的妇女、儿童,并有第二款、第三款规定的犯罪行为的,依照数罪并罚的规定处罚。"

意规定是:收买被拐卖的妇女并有强行与其发生性关系的犯罪行为的,或者收买被拐卖的妇女、儿童,并有伤害、侮辱等犯罪行为的,依照数罪并罚的规定处罚。首先,收买被拐卖的妇女、强行与其发生性关系,属于违背妇女意志,使用暴力、胁迫方法强奸妇女的行为,应当构成强奸罪,难以与收买被拐卖的妇女罪形成一罪关系,理当适用数罪并罚,因而属于注意规定。还需注意的是,刑法中多处罪名都涉及妇女与幼女(或儿童)的区别,但有时立法条文中并没有明确区分妇女与幼女(或儿童),如上述《刑法》第 241 条第 2 款没有规定收买被拐卖的幼女并奸淫被拐卖的幼女的,如何处理。对此,也应当按照收买被拐卖的儿童罪和强奸罪数罪并罚,先对强奸罪从重处罚。这符合刑法目的解释的基本原理,①也符合数罪并罚的目的。其次,收买被拐卖的妇女、儿童,有伤害、侮辱等犯罪行为的,应当构成故意伤害罪、侮辱罪,不能与收买被拐卖的妇女、儿童罪形成一罪关系,应当适用数罪并罚,因而属于注意规定。同样的,收买被拐卖的妇女、儿童,并有强制猥亵、虐待等行为的,也要适用数罪并罚,因而属于注意规定。(2)拟制规定是:收买被拐卖的妇女、儿童,并有非法剥夺、限制其人身自由等犯罪行为的,依照数罪并罚的规定处罚。收买被拐卖的妇女、儿童与非法剥夺、限制被拐卖的妇女、儿童人身自由,实质上属于一个行为的两种评价,在实质上属于一罪,仅需给予一次刑罚,既不是想象竞合犯的一个行为数种后果,也不是牵连犯的数个行为数种结果。

2.《刑法》第 287 条的规定②

有观点认为该条内容属于注意规定:"即使没有第 287 条,这类行为也应依照金融诈骗罪等相关犯罪的规定处理。"③也有的观点认为:

---

① 胡东飞:《论刑法分则中"妇女"概念的外延》,《当代法学》2018 年第 4 期。

② 《刑法》第 287 条:"利用计算机实施金融诈骗、盗窃、贪污、挪用公款、窃取国家秘密或者其他犯罪的,依照本法有关规定定罪处罚。"

③ 吴江:《刑法分则中注意规定与法律拟制的区分》,《中国刑事法杂志》2012 年第 11 期。

"对此种情况无须再判断重罪,应当直接适用目的行为或者结果行为所涉及的罪名。"①对上述观点难以完全赞成,该款内容应当属于混合规定。《刑法》第 287 条是我国立法机关应对网络犯罪不断升级的产物,"287 条明确表达出对此类网络犯罪按照传统犯罪的规定定罪处罚的思路",②具有注意规定和拟制规定两种情况,应当根据行为人的行为是否具有《刑法》第 287 条规定的数罪情形,再依照刑法有关规定分别予以处理。

---

① 喻海松:《网络犯罪的刑事对策与审判疑难问题解析》,《人民司法·案例》2018 年第 23 期。
② 刘宪权:《网络犯罪的刑法应对新理念》,《政治与法律》2016 年第 9 期。

第二章　数罪并罚的刑种制度论

　　经过多年来的刑事法治建设,我国已经建立起以综合主义为特点、刑种并罚与阶段并罚相结合、数罪并罚与其他刑罚裁量制度相结合的数罪并罚制度体系。在数罪并罚的刑种制度论中,将侧重探讨刑种体系内部涉及的数罪并罚。数罪并罚涉及全部的主刑和附加刑,除驱逐出境只能适用于犯罪的外国人,并且具有法定的特定效果外,其他的主刑和附加刑都具有并罚的可能性与可行性。由于刑罚固有性质的差异和法律规范的不同,数罪并罚在刑种制度方面有较多值得思考的问题,这些问题可以分为两种情况:其一,刑种并罚问题不受并罚阶段影响的。例如一般的死刑并罚问题,被告人被判处数个刑罚中有一个或者数个死刑的,死刑的并罚不受并罚阶段的影响;被判处数个刑罚中有一个或者数个死刑的,无论是在判决宣告以前并罚,还是在判决宣告以后,刑罚执行完毕以前发现漏罪或新罪后的并罚,其法律效果是一致的。其二,刑种并罚问题受到并罚阶段影响的。例如有期限的自由刑并罚,不论是管制刑、拘役刑或者有期徒刑的并罚,其法律效果都受到并罚阶段的多种影响,包括判决宣告以前或者判决宣告以后,刑罚执行中发生的并罚,法律效果差异较大。

第一节　数刑中有死刑的并罚

一、我国刑法中的死刑规定与适用概况

死刑是我国刑法的重要问题,"死刑制度改革决定着我国刑罚的整体结构,死刑是影响刑罚结构的关键所在"。①近年来,经过学界和社会各界的广泛讨论与深入思考,立法机关逐步认可减少死刑直至全面废除死刑的刑事政策,并开始在《刑法修正案(八)》《刑法修正案(九)》中逐步减少死刑的罪名。从 2011 年《刑法修正案(八)》颁布,死刑罪名由 1997 年刑法规定的 68 个减少为 55 个。2015 年《刑法修正案(九)》颁布,死刑罪名减少为 46 个。从立法的罪名数量看,修正后的死刑罪名占到全部罪名数量(目前 483 个)的 9.5%,相对比例呈显著减少趋势。同时我国刑法对死刑的适用制度也进行了部分限制性修正,主要是:在死刑适用对象上,在《刑法》第 49 条第 2 款增加了高龄老年人原则上不适用死刑的限制规定,取消了绑架罪、贪污罪和受贿罪的绝对确定死刑。

死刑也是我国刑事司法中的重大问题。根据国内学者的研究,刑事司法中的死刑罪名主要集中于暴力犯罪和毒品犯罪。例如有研究指出:"J 省故意杀人罪、抢劫罪、绑架等严重暴力类犯罪所占死刑的比重达到绝对多数。"②另有研究指出:"某年度,最高人民法院复核死刑犯

① 储槐植:《刑罚现代化:刑法修改的价值定向》,《法学研究》1997 年第 1 期。
② 徐岱、陈劲阳:《死刑司法控制的地方性实践与方向》,《吉林大学社会科学学报》2012 年第 5 期。

罪分子共计 182 人,其中主要是暴力犯罪、附有死亡结果的致死犯罪以及毒品犯罪。"①死刑的司法适用状况为死刑的立法改革提供了参考性方向。在刑事司法中基本上得不到适用或者适用效果不佳的死刑罪名,应当列入直接取消或者技术性取消的修正考虑之中。在刑事司法中适用案件较多或者适用争议不大的死刑罪名,可以延缓取消直至条件具备时再最终取消。

尤其值得关注的是,我国刑法修正中出现了以数罪并罚作为废除死刑后的替代措施之一的趋势。从《刑法修正案(九)》的修正模式可以看出,我国未来刑法限制死刑、废除死刑的模式将越来越多地从单纯减少死刑罪名转向通过立法技术调整来减少死刑罪名。其中值得借鉴的模式即是将数罪并罚作为死刑罪名减少后的替代立法技术,也可称之为死刑罪名的技术性取消模式。例如,《刑法修正案(九)》取消了组织、强迫卖淫罪的死刑,但同时规定在组织、强迫卖淫中"有杀害、伤害、强奸、绑架等犯罪行为的,依照数罪并罚的规定处罚"。立法上针对实施组织、强迫卖淫行为中采取严重暴力手段构成相关犯罪的,在取消了组织卖淫罪、强迫卖淫罪的死刑之后,仍然对上述严重行为有适用死刑的可能。应当说,这一技术化的死刑改革措施既达到了减少刑法罪名中死刑数量的目标,又巧妙消解了人们对死刑废除后严重暴力行为能否得到均衡刑罚的担忧,是未来刑法死刑改革中值得推进的刑罚模式。

二、判决宣告数刑中全部或部分主刑为死刑的并罚

(一)判决宣告数刑中全部或部分主刑为死刑的并罚

死刑,就其刑罚性质而言,属于最为严厉的刑罚种类。我国《刑法》第 69 条第 1 款中涉及死刑的并罚,该款采取除外型立法模式规定了判

---

① 牛天宝:《以人为本视阈下的死刑犯罪预防——基于 167 份死刑复核文书的分析》,《现代法治研究》2019 年第 1 期。

决宣告数刑中全部或部分主刑为死刑的并罚。[①]同时我国刑法还创造性地规定了死刑缓期二年执行,在死刑缓期二年执行期间的漏罪或者新罪并罚问题,主要由《刑法》第50条予以规制。[②]

如果判决宣告的数个主刑中有数个死刑或最重刑为死刑的,应当采取吸收规则,只需要决定执行一个死刑,而不能决定执行两个以上的死刑或者执行其他主刑,这是我国刑法学术研究和实务操作的通说。当判决宣告的数个主刑均为死刑或有两个以上死刑时,决定执行一个死刑就在实质上已经实现剥夺犯罪分子生命的状态,也就不需要、也不可能再执行另一个死刑。当判决宣告的数个主刑中既有死刑也有其他主刑的,如果先执行死刑,那么也就无再执行其他主刑的可能。若先执行其他主刑即无期徒刑或有期徒刑再执行死刑,则是主次倒置、轻重失宜,不仅没能实现对犯罪分子加重处罚的目的,反而延长了犯罪分子的生命,实质上减轻了对犯罪分子的处罚。[③]也有学者认为,《刑法》没有正面规定死刑的并罚方法,不能说可以从反面推导出对死刑的并罚采用的是吸收原则。因为《刑法》本身并未规定到底有几种并罚原则,难以采用排除法。甚至《刑法》本身并未排除对死刑的并罚适用限制加重原则的可能。《刑法》第69条并未明确对死刑的并罚不能采用限制加重原则,加之限制加重原则本身可以有多种类型,完全可以将"除判处死刑和无期徒刑的以外"理解为因这两种刑罚没有总和刑期和最高刑期而作的注意规定。因此,对死刑的并罚只能采用吸收原则的理解只

---

① 《刑法》第69条第1款规定:"判决宣告以前一人犯数罪的,除判处死刑和无期徒刑的以外,应当在总和刑期以下、数刑中最高刑期以上,酌情决定执行的刑期。"

② 《刑法》第50条第1款规定:"判处死刑缓期二年执行的,在死刑缓期二年执行期间,如果没有故意犯罪,二年期满以后,减为无期徒刑;如果确有重大立功表现,二年期满以后,减为二十五年有期徒刑;如果故意犯罪,情节恶劣的,报请最高人民法院核准后执行死刑;对于故意犯罪未执行死刑的,死刑缓期二年执行的期间重新计算,并报最高人民法院备案。"

③ 吴平:《数罪并罚论》,中国政法大学出版社2011年版,第174页。

是理论上的看法,并不具有法律依据。①

本书认为,我国刑法理论和实务的通说指出,判决宣告的数个主刑中有数个死刑或最重刑为死刑的,应当采用吸收原则。对上述看法需要进一步补充,即需要采取一分为二的分析法:判决宣告的数个主刑中最重刑为死刑的,应当适用吸收规则。判决宣告的数个主刑中有数个死刑的,应当适用择一规则。吸收规则建立在刑罚有轻有重的基础上,假如刑罚的轻重相同,则无法适用吸收规则。死刑属于最为严厉的刑罚,数个死刑之间不存在孰轻孰重,也就无法适用吸收规则。

(二)判决宣告数刑中全部或部分主刑为死刑的附加刑并罚

死刑具有剥夺犯罪自然人生命的固有属性,同时根据《刑法》第57条第1款的规定,对于判处死刑的犯罪分子,应当剥夺政治权利终身,也具有彻底剥夺自然人政治"生命"的性质。因而,当判处被告人数刑中全部或部分主刑为死刑,同时判处有附加刑的,此时附加刑的并罚与判处其他自由刑时的附加刑并罚就有所不同,有必要予以讨论。

1. 判决宣告数刑中全部或部分主刑为死刑的,剥夺政治权利附加刑并罚

根据我国《刑法》第69条第3款和第57条第1款的规定,数罪中被判处死刑的犯罪分子,同时剥夺政治权利终身的附加刑也属于种类相同附加刑,应当合并执行。由于剥夺政治权利终身的附加刑在执行上具有无确定期限刑罚的性质,对于判决宣告数刑中全部或部分主刑为死刑,同时附加剥夺政治权利终身的附加刑合并执行的,难以采取相加执行或者限制加重执行的办法,而需要采取吸收执行或者择一执行的办法。具体有三种情形:(1)判决宣告数刑中有一罪被判处死刑的

---

① 黄丽勤:《数罪并罚原则之立法不足及其完善》,载朗胜等主编:《刑法实践热点问题探索》(中国刑法学年会文集2008年度下卷),中国人民公安大学出版社2008年版,第488页。

犯罪分子,同时该一罪被判处剥夺政治权利终身,另有一罪未被判处死刑,同时被判处有期限的剥夺政治权利附加刑的。对此,应当按照吸收规则的办法执行:剥夺政治权利终身的附加刑吸收其他有期限的剥夺政治权利附加刑,决定执行剥夺政治权利终身。(2)判决宣告数刑中有一罪被判处死刑的犯罪分子,同时该一罪被判处剥夺政治权利终身,另有数罪未被判处死刑,同时数罪均被判处有期限的剥夺政治权利附加刑的。对此,也应当按照吸收规则的办法执行:剥夺政治权利终身的附加刑吸收其他数个有期限的剥夺政治权利附加刑,决定执行剥夺政治权利终身。该情形与上述第一种情形的不同之处在于:对于其他数个均被判处有期限的剥夺政治权利附加刑的,是否需要先予以合并执行,再与剥夺政治权利终身的附加刑合并执行。本书认为,无需多此一举。《刑法》第69条第3款规定的"附加刑种类相同的,合并执行",是针对在一个判决中处理的全部数罪,而不是在一个判决中处理的部分数罪,因而不需要将一个附加刑合并执行的步骤,人为地分为两个合并执行的步骤。同时,就附加刑合并执行的结果而言,分为两个步骤进行合并执行的结果,与直接按照一个步骤进行合并执行的结果是一致的。从诉讼经济角度看,也没有必要分为两个合并执行的步骤。(3)判决宣告数刑中全部被判处死刑的犯罪分子,数刑均被判处附加剥夺政治权利终身的,则决定选择其中之一,执行其中一个剥夺政治权利终身。

2. 判决宣告数刑中全部或部分主刑为死刑的,其他附加刑的并罚

判决宣告数刑中全部或部分主刑为死刑的犯罪分子,同时被判处罚金刑、没收财产等附加刑的,对罚金刑、没收财产等附加刑的并罚,按照《刑法》第69条第3款规定处理。该情形的处理,与判决宣告数刑中全部或部分主刑为自由刑,同时判处罚金刑、没收财产等附加刑的并罚,在并罚规则上基本没有差异,对此将在后文予以分析。

三、判决为死刑缓期二年后发现有新罪或漏罪的特殊并罚

现行《刑法》第50条的规定自刑法修订以来被两次修改,分别是:

2011 年的《刑法修正案(八)》第一次修改,将原条文中的"如果确有重大立功表现,二年期满以后,减为十五年以上二十年以下有期徒刑",改为"如果确有重大立功表现,二年期满以后,减为二十五年有期徒刑"。此次修改是为了与《刑法修正案(八)》对数罪并罚有期徒刑上限的修改相适应,该上限被修改提高为二十五年有期徒刑。2015 年《刑法修正案(九)》第二次修改,将原条文中的"如果故意犯罪,查证属实的,由最高人民法院核准,执行死刑",改为"如果故意犯罪,情节恶劣的,报请最高人民法院核准后执行死刑。对于故意犯罪未执行死刑的,死刑缓期二年执行的期间重新计算,并报最高人民法院备案",进一步提高了对被判处死刑缓期二年执行的犯罪分子执行死刑的门槛。

　　由条文分析可知,《刑法》第 50 条规定了死刑缓期二年执行过程中将出现四种可能结果。其一,在死刑缓期二年执行期间,如果没有故意犯罪,二年期满以后,减为无期徒刑。其二,在死刑缓期二年执行期间,如果确有重大立功表现,二年期满以后,减为 25 年有期徒刑。其中的重大立功表现,应根据《刑法》第 78 条予以确定。其三,在死刑缓期二年执行期间,如果故意犯罪,情节恶劣的,由最高人民法院核准,执行死刑。其四,在死刑缓期二年执行期间故意犯罪,但情节不恶劣的,死刑缓期二年执行的期间重新计算,并报最高人民法院备案。其中后两项内容与死刑缓期二年执行期间的数罪并罚存在密切关系,但又与一般的数罪并罚存在差异,需要进一步分析。

　　就并罚规则适用而言,在死刑缓期二年执行期间的故意犯罪,也属于刑罚执行中,犯罪分子又犯新罪的情形,应当适用《刑法》第 71 条的规定进行并罚。依照《刑法》第 71 条,对此进一步规定"依照本法第六十九条的规定,决定执行的刑罚"。然而,《刑法》第 69 条的规定"除判处死刑和无期徒刑的以外",却明显排除了对判处死刑或者无期徒刑的犯罪分子适用《刑法》第 69 条。对"除判处死刑和无期徒刑的以外"的理解,可能是排除对判处死刑或者无期徒刑的犯罪分子适用《刑法》第 69 条指向的数罪并罚本身,也可能是排除对判处死刑或者无期徒刑的犯罪分子适用《刑法》第 69 条规定的并罚规则,但并不影响应当适用《刑法》第 50 条,作为处理死刑缓期二年执行期间的故意犯罪并罚的主要依据。

《刑法》第 50 条明确规定了对死刑缓期二年执行期间的故意犯罪的处理,对此应当理解为是对死刑缓期二年执行中发现有新的故意犯罪后的特别并罚规定。《刑法修正案(九)》对死刑缓期二年执行中发现有新的故意犯罪的条件增加了"情节恶劣",由此在理解和适用《刑法》第 50 条的规定时,需要将死刑缓期二年执行中发现有新的故意犯罪的,区分为"死刑缓期二年执行中发现有新的故意犯罪,且情节恶劣的",和"死刑缓期二年执行中发现有新的故意犯罪,不具有恶劣情节的"两种情形,分别予以处理。通过对《刑法》第 50 条规定的解读还可以发现,尚有一些突出问题刑法未作明确规定:一是《刑法》第 50 条没有明确规定死刑缓期二年执行期间有过失犯罪的处理。《刑法》第 50 条明确规定了对死刑缓期二年执行期间有故意犯罪的处理,却没有明确规定死刑缓期二年执行期间有过失犯罪的处理。二是《刑法》第 50 条没有明确规定对死刑缓期二年执行期间发现漏罪的处理。对《刑法》第 50 条中的"如果没有故意犯罪",难以理解为包括在死刑缓期二年执行期间发现的漏罪,因而对死刑缓期二年执行期间发现漏罪的,不能直接适用《刑法》第 50 条的规定,应当适用《刑法》第 70 条的规定,同时考虑与《刑法》第 50 条适用情况的均衡。三是《刑法》第 50 条没有明确规定死刑缓期二年执行期满后发现漏罪、发现死刑缓期二年执行期间的新罪的处理。由此,可以分为以下方面予以分析。

(一)《刑法》第 50 条应理解为死刑缓期二年执行中,发现犯罪分子又有新的故意犯罪后的特别并罚规定

1. 死刑缓期二年执行期间犯新的故意犯罪并被发现,并且新的故意犯罪被判处死刑的处理

从《刑法》第 50 条的规定中可以发现:立法对死刑缓期二年执行中

发现有新的故意犯罪的规定,可能没有考虑到新的故意犯罪被判处为死刑的情形。在死刑缓期二年执行中发现有极大可能被判处死刑的新的故意犯罪,将难以直接适用《刑法》第 50 条的规定。这主要是基于两个原因:一是被判处死刑的后罪并罚时的适用争议。后发现被判处死刑的新的故意犯罪,虽然在刑罚性质上都属于死刑,但理论上和实务中都认可被判处死刑要重于被判处死刑缓期二年执行。被判处死刑的后罪符合《刑法》第 50 条"如果故意犯罪,情节恶劣的,报请最高人民法院核准后执行死刑"的规定,但在随后报请最高人民法院核准后执行死刑时,就会出现最高人民法院核准执行死刑的是前罪的死刑,还是后罪的死刑的争议问题。二是被判处死刑的后罪并罚时程序适用争议。根据我国刑事诉讼法的有关规定,被判处死刑的案件需要最高人民法院进行死刑复核程序,未经核准不得定罪量刑。由此,被判处死刑的案件实质上属于三审终审制,这就造成了死刑缓期二年执行期间发现有被判处死刑的新的故意犯罪的处理,是对前罪进行死刑核准,还是对后罪进行死刑核准,或是对两罪同时核准的程序适用争议。在《刑法修正案(九)》实施以前,《刑法》第 50 条中规定"故意犯罪,查证属实的",假如是被判处死刑的新的故意犯罪,只能经过最高人民法院核准之后才属于"查证属实",这就更加造成了程序适用的争议。

　　例如,2009 年 7 月,被告人赵某因犯抢劫罪被某中级人民法院判处死刑,缓期二年执行,剥夺政治权利终身,并处没收个人全部财产。判决生效后,赵某于死缓期间脱逃,脱逃期间杀害一人,后被抓获归案。某中级人民法院一审认为:赵某服刑期间又犯脱逃罪、故意杀人罪,依法应予数罪并罚,判处死刑。同时依法应当变更死刑缓期二年,决定执行死刑,剥夺政治权利终身,并处没收个人全部财产。某高级人民法院复核认为:一审法院适用法律不当,裁定撤销一审,发回一审法院重审。某中级人民法院重审判决:赵某服刑期间又犯脱逃罪、故意杀人罪,判处死刑,依法应予数罪并罚,决定执行死刑,剥夺政治权利终身。宣判后,该案在法定期间内没有上诉、抗诉,后报某高级人民法院复核同意、依法报请最高人民法院核准其死刑。

本书认为,上述案件发回重审后的处理是妥当的。根据《最高人民法院关于〈中华人民共和国刑法修正案(八)〉时间效力问题的解释》:"2011年4月30日以前犯罪,判处死刑缓期二年执行的,适用修正前刑法第五十条的规定。"该案涉及的三个罪行均发生在2011年4月30日以前,应当适用修正前《刑法》第50条的规定。假如判决宣告前,同时处理2个死刑或者死刑缓期二年的罪行,属于刑罚中有死刑的一般数罪并罚,应当适用《刑法》第69条规定。但在死刑缓期二年执行期间犯被判处死刑的新罪,应当适用《刑法》第50条的规定,对新罪作出死刑判决,同时根据《刑法》第50条规定,就死刑缓期二年执行期间又犯情节恶劣的故意犯罪,报请最高人民法院核准死刑。根据《最高人民法院关于适用〈中华人民共和国刑事诉讼法〉的解释》第351条的规定,对一人有两罪以上被判处死刑的数罪并罚案件,如果最高人民法院核准两个死刑,则应当就核准死刑缓期二年的变更执行与新罪的死刑作出两个裁定内容,但执行死刑的命令只需要做出一个,在核准数个死刑后对犯罪分子执行一次死刑。

2. 死刑缓期二年执行期间犯新的情节恶劣的故意犯罪,该故意犯罪未被判处死刑的,对其发现后的处理

对此,根据《刑法》第50条规定,对该类型案件应当报请最高人民法院核准后执行死刑。可从三个方面理解:

(1)《刑法》第50条中的故意犯罪指的是在死刑缓期二年执行期间实施行为,符合刑法要件规定,并经过人民法院裁判确定为故意犯罪的情形。对《刑法》第50条中规定的"故意犯罪"一词,不能理解为包括在死刑缓期二年执行期间发现判决宣告以前的漏罪,否则既不符合我国数罪并罚制度的基本精神,也将造成处理的罪刑失衡。根据《刑法》第70条、第71条的规定,我国对刑罚执行期间发现(未判处死刑)的漏

罪并罚要轻于新罪并罚,根据举轻以明重的解释原理,对死刑缓期二年执行期间发现判决宣告以前的漏罪的处理,理当要轻于死刑缓期二年执行期间发现新罪的处理。假如将《刑法》第50条规定的"故意犯罪"一词,理解为包括在死刑缓期二年执行期间发现判决宣告以前的漏罪,将会造成对死刑缓期二年执行期间发现判决宣告以前的漏罪并罚,与死刑缓期二年执行期间发现的新罪并罚,给予同样的处罚。这明显不符合我国数罪并罚制度的基本精神,并且将导致对死刑缓期二年执行期间发现判决宣告以前的漏罪,情节恶劣的,也要报请最高人民法院核准后执行死刑,将造成处理的罪刑失衡。

(2)《刑法》第50条规定中的情节恶劣指的是新犯故意犯罪的情节相当严重,足以表明被告人已不符合《刑法》第48条规定的适用死刑缓期二年执行的"如果不是必须立即执行"的条件。对"如果不是必须立即执行"的理解应当侧重于表明行为人主观认罪悔罪、人身危险性减弱、再犯可能性减少的情节,而不能是行为人实施行为本身的情节较轻,也不能是抗拒改造情节较为严重。当犯罪分子在死刑缓期二年执行期间实施新的故意犯罪,其情节足以表明其主观上不认罪不悔罪、人身危险性并未减弱,如果对该被告人不判处死刑,该人仍有很高的再犯可能性,因而应当认定为属于情节恶劣。

(3)该类型案件被最高人民法院核准后立即执行死刑,无需等待死刑缓期二年执行期满再执行。对此,有的观点认为:"为了减少死刑执行,应承认故意犯罪二年期满以后再执行死刑的合理性……这正好实现了减少死刑执行的理念与目的。"①该观点似需商榷。其一,上述看法不符合现行《刑法》第50条的修改意图。《刑法修正案(九)》对《刑法》第50条的修改,在被判处死刑缓期二年执行的犯罪分子符合执行死刑的条件下,客观上已经提高了对被判处死刑缓期二年执行的犯

---

① 张明楷:《刑法学》(第五版)(上),法律出版社2016年版,第532页。

分子执行死刑的门槛,不能再对其从宽,否则不符合《刑法》第 50 条的修改意图。其二,上述看法不符合我国刑法区分死刑立即执行与死刑缓期二年执行的两分型制度。我国基于严格适用死刑、慎用死刑的立场,创造性地在刑法中规定了死刑缓期二年执行制度。虽然死刑立即执行与死刑缓期二年执行都属于死刑制度,但司法实务普遍认为死刑立即执行是"真死",而死刑缓期二年执行基本上是"不死"。因而,死刑立即执行与死刑缓期二年执行在现实执行中具有重大差别。当最高人民法院作出核准死刑的决定后,应当不容迟疑地立即执行,不能有任何拖延,更不容许拖延至两年期满。其三,上述看法片面保护犯罪分子的利益,不符合公平正义理念。上述看法假设犯罪分子在等待两年期满的时间内可能通过重大立功免除死刑的执行,似用不可靠的假设可能性作为支撑的理由。假如上述情形可以成立,则同样有理由假设犯罪分子在等待两年期满的时间内可能再次实施情节恶劣的故意犯罪,是否还能给予犯罪分子继续等待两年期满的机会,答案明显是否定的。更何况,给予再犯情节恶劣的故意犯罪的犯罪分子等待两年期满的机会,人们不禁要问:这对受到犯罪分子伤害的社会其他成员、公共利益等是否公平,答案应当也是否定的。

3. 死刑缓期二年执行期间犯新的故意犯罪但不具有恶劣情节,并被发现的处理

对《刑法》第 50 条规定中的第三个"故意犯罪"的立法用语,其基本属性与前述分析一致,应当理解为在死刑缓期二年执行期间实施行为,符合刑法要件规定,并经过人民法院裁判确定为故意犯罪的情形。对该条规定的"对于故意犯罪未执行死刑的",应当理解为在死刑缓期二年执行期间故意犯罪,但不具有恶劣情节的情形。对死刑缓期二年执行期间犯不具有恶劣情节的故意犯罪并被发现的,应当依法重新计算死刑缓期执行期间。

有的观点认为:"先有重大立功表现,后又故意犯罪的情形……犯

罪分子仍然符合'在死刑缓期二年执行期间……确有重大立功表现'的条件。"①该观点似需商榷：死刑缓期二年执行期间发生事实客观上存在先后顺序，前罪的死刑缓期二年执行期间与后决定的死刑缓期二年执行期间是两个不同的法定期间，不能将两者混为一谈。假如将前罪的死刑缓期二年执行期间理解为也包括后决定的死刑缓期二年执行期间，实质上将造成对犯罪分子的不当从宽。在死刑缓期二年执行期间，犯罪分子先有重大立功表现后又故意犯罪的情形，应当先处理重大立功表现，再处理故意犯罪，不能颠倒过来，否则明显不符合公平正义理念，也有人为选择处理之嫌。从条文逻辑而言，《刑法》第 50 条中"在死刑缓期二年执行期间"明显指的是前罪被决定死刑缓期二年执行的期间，不能解释为因故意犯罪而予以重新计算的死刑缓期二年执行期间。从逻辑上看，在前罪被决定死刑缓期二年执行时，根本不可能知道在死刑缓期二年执行期间，犯罪分子是否会再次实施故意犯罪。对于在死刑缓期二年执行期间，犯罪分子先有重大立功表现后又故意犯罪的情形，应当先按照《刑法》第 50 条的规定，待2 年期满以后，减为 25 年有期徒刑，然后再依照《刑法》第 71 条的规定予以并罚。

4. 死刑缓期二年执行期间犯新罪并被发现，新罪属于过失犯罪的处理

《刑法》第 50 条对死刑缓期二年执行期间有故意犯罪的处理作出明确规定，却没有对死刑缓期二年执行期间有过失犯罪的处理作出规定。对此，有的观点认为："……死刑缓期二年执行期间并不是刑罚执行期间，但肯定在'刑罚执行完毕之前'……将对过失犯罪所判处的刑罚与原来的死刑缓期二年进行并罚，并罚结局也只能是重新计算死刑

---

① 参见张明楷：《刑法学》(第五版)(上)，法律出版社 2016 年版，第 533 页。

缓期二年执行期间。"①该观点似需商榷。死刑缓期二年执行中发现有新罪,新罪属于过失犯罪的,不应当重新计算死刑缓期二年执行期间,应当将该过失犯罪所处刑罚与死刑并罚,决定执行死刑缓期二年执行,二年期满后,无故意犯罪的,依法减为无期徒刑或者 25 年有期徒刑。主要理由是:(1)符合《刑法》第 50 条的理解与适用。根据《刑法》第 50 条规定,没有故意犯罪是被判处死刑缓期二年执行的犯罪分子能够减为无期徒刑的充分且必要条件,或者是能够减为 25 年有期徒刑的必要条件。(2)符合我国刑法区分故意犯罪与过失犯罪的责任主义观念。依照上述看法,将导致对死刑缓期二年执行期间有过失犯罪的处理,与对死刑缓期二年执行期间有故意犯罪但不具有恶劣情节的处理,都同样适用重新计算死刑缓期二年执行期间,实质上导致对过失犯罪的处罚与对故意犯罪的处罚一样重,不符合责任主义观念。责任主义观念要求对过失犯罪的处罚通常都要轻于同等的故意犯罪。(3)上述看法对被告人更为有利,符合有利于被告人的观念。依照上述看法,对死刑缓期二年执行期间有过失犯罪的处理,并罚结局只能是重新计算死刑缓期二年执行期间。依照本书主张,对死刑缓期二年执行期间有过失犯罪的处理,并罚结局将可能是无期徒刑或者 25 年以下有期徒刑。两者对比,后者明显更有利于被告人。

(二)死刑缓期二年执行期满后,发现在死刑缓期二年执行期间有新罪的处理

对于死刑缓期二年执行期满后,发现在死刑缓期二年执行期间有新罪的处理,刑法并没有作出明确规定。但根据《刑法》第 50 条的规定,死刑缓期二年执行期满后,发现在死刑缓期二年执行期间有新罪的情形,同样符合该条适用条件。根据《刑法》第 50 条的规定,只要判处死刑缓期执行的,在死刑缓期执行期间,如果故意犯罪,区分情节是否

① 张明楷:《刑法学》(第五版)(上),法律出版社 2016 年版,第 533 页。

恶劣,分别报请最高人民法院核准后执行死刑或者报最高人民法院备案,重新计算死刑缓期执行的期间。该条规定的"如果故意犯罪",应当理解为"在死刑缓期二年执行期间实施故意犯罪",不能理解为"在死刑缓期二年执行期间发现故意犯罪"。因而,即使是在死刑缓期二年执行期满后,才发现犯罪分子在死刑缓期二年执行期间内有故意犯罪的,也要区分情节是否恶劣,分别报请最高人民法院核准后执行死刑或者报最高人民法院备案,重新计算死刑缓期执行的期间。如果犯罪分子在死刑缓期二年执行期间内有过失犯罪,在死刑缓期二年执行期满后才发现的,此时符合法定条件的犯罪分子,均已被减为无期徒刑或者25年有期徒刑,并正在实际执行中。对死刑缓期二年执行期满后,才发现犯罪分子在死刑缓期二年执行期间内有过失犯罪的并罚,实际上相当于无期徒刑或者25年有期徒刑的剩余刑期与新罪的并罚。综上,根据新罪的具体情况,可以分为以下四种情形。

1. 死刑缓期二年执行期满后,发现在死刑缓期二年执行期间有新的故意犯罪,并且新的故意犯罪被判处死刑的处理

犯罪分子在死刑缓期二年执行期间有新的故意犯罪,并且对新罪应当判处死刑的,应当属于《刑法》第50条规定的"故意犯罪,情节恶劣的",应当报请最高人民法院核准后执行死刑。需要注意的是,此处报请核准执行的死刑,对应的是原判处死刑缓期二年执行的罪行。对犯罪分子在死刑缓期二年执行期间的新罪判处的死刑,也需要报请最高人民法院复核。就实体罪行的审判而言,前后两个死刑的核准或复核都不可缺少,但从诉讼经济角度考虑,可由最高人民法院一并进行。应当就核准死刑缓期二年的变更执行与新罪的死刑作出两个裁定内容,但执行死刑的命令只需要作出一个,在核准数个死刑后对犯罪分子执行一次死刑。

2. 死刑缓期二年执行期满后,发现在死刑缓期二年执行期间有新的故意犯罪且情节恶劣的处理

死刑缓期二年执行期满后,发现在死刑缓期二年执行期间有新的

故意犯罪且情节恶劣的,应当依照《刑法》第 50 条的规定,报请最高人民法院核准后执行死刑。对于犯罪分子在死刑缓期二年执行期间有新的故意犯罪且情节恶劣的,应当先对该罪行作出判决,决定执行的刑罚。当然,此时判决决定执行的刑罚不是死刑,应当是其他主刑,否则将适用上述第 1 点的分析。由于在此种情形下,犯罪分子将最终被最高人民法院核准后执行死刑,可能会产生一个疑问:无论对犯罪分子所犯新罪作出何种刑罚判决,犯罪分子反正最终将难逃一死,岂非多此一举? 对此本书认为,其一,该做法是贯彻《刑法》第 50 条规定的要求。该条明确规定,只有故意犯罪且情节恶劣的,才能报请最高人民法院核准后执行死刑。该条中所述的"故意犯罪且情节恶劣的",就其字面意思理解,当然是犯罪分子的罪行在事实上属于故意犯罪且情节恶劣。但是在进入法定程序后,表明犯罪分子所犯罪行属于故意犯罪且情节恶劣的方式只能是依法作出的判决。不经过法定裁判,对任何人都不得确定有罪。其二,该做法是贯彻罪刑法定原则的要求。对死刑缓期二年执行期间实施故意犯罪的犯罪分子,应当通过判决认定故意犯罪情节是否恶劣。根据罪刑法定原则的要求,对确定有罪的犯罪分子,应当依法判处刑罚。只在判决中认定故意犯罪且情节恶劣,却不判处相应的刑罚,不符合罪刑法定原则,也不符合刑法分则的规定。因而,死刑缓期二年执行期满后,发现犯罪分子在死刑缓期二年执行期间有新的故意犯罪且情节恶劣的,应当先对该罪行作出判决,决定执行的刑罚,再依照《刑法》第 50 条的规定,报请最高人民法院核准后执行死刑。

3. 死刑缓期二年执行期满后,发现在死刑缓期二年执行期间有新的故意犯罪,但不具有恶劣情节的处理

《刑法》第 50 条规定的"对于故意犯罪未执行死刑的",应当理解为在死刑缓期二年执行期间故意犯罪,但不具有恶劣情节的情形。根据《刑法》第 50 条的规定,对于死刑缓期二年执行期满后,发现在死刑缓期二年执行期间有新的故意犯罪,但不具有恶劣情节的,应当重新计算

死刑缓期执行的期间,并报最高人民法院备案,有关减刑裁定自动失效。对此可从以下方面理解:其一,重新计算死刑缓期执行期间属于变更刑罚执行方式,实质上具有数罪并罚的效果。对犯罪分子重新计算死刑缓期执行的期间,属于对犯罪分子的原犯罪行再次重申判处死刑缓期二年执行,形式上属于判处死刑的主刑。对于犯罪分子在死刑缓期二年执行期间实施不具有恶劣情节的故意犯罪,应当被判处死刑以外的其他主刑。将两者合并起来考虑,应当执行死刑缓期二年执行,从而在实质上具有数罪并罚的性质。其二,此种情况下涉及的有关减刑裁定自动失效。由于是在死刑缓期二年执行期满后,才发现犯罪分子在死刑缓期二年执行期间实施不具有恶劣情节的故意犯罪,犯罪分子因没有被发现有故意犯罪,已被减为无期徒刑甚至减为 25 年有期徒刑,并已在刑罚执行中。在发现犯罪分子在死刑缓期二年执行期间实施不具有恶劣情节的故意犯罪后,该犯罪分子也就不符合减为无期徒刑或者 25 年有期徒刑的法定条件。由于我国没有撤销减刑的诉讼规定,参照《关于办理减刑、假释案件具体应用法律的规定》(以下简称《减刑假释规定》)第 34 条,有关减刑裁定自动失效。

4. 死刑缓期二年执行期满后,发现在死刑缓期二年执行期间有新罪,新罪属于过失犯罪的处理

死刑缓期二年执行期满后,发现犯罪分子在死刑缓期二年执行期间有新的过失犯罪的,应当将犯罪分子当前所受刑罚,与新发现的过失犯罪所被判处的刑罚,依照《刑法》第 71 条予以并罚。根据《刑法》第 50 条的规定,发现犯罪分子在死刑缓期二年执行期间有新的过失犯罪的,不属于"故意犯罪,情节恶劣的",也不属于"故意犯罪未执行死刑的",因而不需要报请最高人民法院核准后执行死刑,也不需要报最高人民法院备案,重新计算死刑缓期执行的期间,但仍然需要认可对犯罪分子减为无期徒刑或者 25 年有期徒刑的合法性。当死刑缓期二年执行期满后,发现犯罪分子在死刑缓期二年执行期间有新的过失犯罪时,因执

行机关与司法机关并未发现犯罪分子有故意犯罪,因而依法已经对犯罪分子减为无期徒刑或者25年有期徒刑,此时犯罪分子实际上属于无期徒刑或者25年有期徒刑的刑罚执行中。因而,需要将犯罪分子正在服刑的刑罚,即无期徒刑或者25年有期徒刑的剩余刑期,与新发现的过失犯罪所被判处的刑罚,依照《刑法》第71条予以并罚。此时,将出现两种情形:其一,将无期徒刑与新发现的过失犯罪所被判处的刑罚进行并罚的,决定执行无期徒刑。其二,将25年有期徒刑的剩余刑期,与新发现的过失犯罪所被判处的刑罚进行并罚。由于我国刑法规定过失犯罪的法定刑一般较低,在监管环境下能够触犯的过失犯罪,其法定最高刑一般不超过10年。依照《刑法》第71条予以并罚,将指向依照《刑法》第69条予以并罚,有可能出现有期徒刑总和刑期不满35年的,决定执行刑期最高不能超过20年的情况。

(三)死刑缓期二年执行期间或期满后发现有漏罪的处理

对于死刑缓期二年执行期间发现服刑的犯罪分子实施新的故意犯罪的,《刑法》第50条作出了规定,但对于死刑缓期二年执行期间或期满后发现犯罪分子还有漏罪的如何处理,却没有作出明确规定。本书认为,依照我国数罪并罚中漏罪并罚一般轻于新罪并罚的制度安排,对于死刑缓期二年执行期间或者期满后发现有漏罪的,可以分为以下三个方面处理:

第一,死刑缓期二年执行期间或者期满后发现有漏罪,该漏罪需要判处死刑的,应当决定执行死刑,报最高人民法院核准后执行。死刑缓期二年执行期间发现犯罪分子在宣告死刑缓期二年执行以前有漏罪,并且罪行极其严重、必须立即执行的,应当对漏罪判处死刑。假如对漏罪判处死刑的,需要与前罪判处的死刑(缓期二年执行)予以并罚,应当决定执行死刑,报最高人民法院核准后执行。

第二,死刑缓期二年执行期间发现有漏罪,该漏罪不需要判处死刑的,应当根据《刑法》第70条规定予以并罚,自新判决生效之日起重新计算死刑缓期二年执行期间,已经执行的死刑缓期执行期间计入新判决的死刑缓期执行期间内,但漏罪被判处死刑缓期执行的除外。主要理由是:死刑缓期二年执行期间发现有漏罪,该漏罪不需要判处死刑,其意义不同于被判处死刑缓期二年执行的犯罪分子,在死刑缓期二年执行期间实施新的故意犯罪。发现漏罪的犯罪分子主观上没有拒不认罪悔罪、人身危险性增加等恶劣情节,因而对上述情形的处理应当轻于对死刑缓期二年执行期间发现有新的故意犯罪的处理。应当根据《刑法》第70条规定予以并罚,自新判决生效之日起重新计算死刑缓期二年执行期间,已经执行的死刑缓期执行期间计入新判决的死刑缓期执行期间内,但漏罪被判处死刑缓期执行的除外。对此,2017年的《减刑假释规定》第35条也予以肯定。①

第三,死刑缓期二年执行期满后发现有漏罪,该漏罪不需要判处死刑的处理。对此,根据2017年的《减刑假释规定》第36条的规定,②决定执行死刑缓期二年执行,交付执行时对罪犯实际执行无期徒刑,死缓考验期不再执行,但漏罪被判处死刑缓期执行的除外。根据《刑法》第50条,死刑缓期二年执行期满后,如果在死刑缓期二年执行期间没有故意犯罪,减为无期徒刑。如果确有重大立功表现,二年期满以后,减为25年有期徒刑。死刑缓期二年执行期满后发现有漏罪,不属于在死刑缓期二年执行期间故意犯罪,因而死刑缓期二年执行期满后发现有

---

① 《减刑假释规定》也持有类似看法,第35条规定:"被判处死刑缓期执行的犯罪分子,在死刑缓期执行期内被发现漏罪,依据刑法第七十条规定数罪并罚,决定执行死刑缓期执行的,死刑缓期执行期间自新判决确定之日起计算,已经执行的死刑缓期执行期间计入新判决的死刑缓期执行期间内,但漏罪被判处死刑缓期执行的除外。"

② 《减刑假释规定》第36条规定:"被判处死刑缓期执行的犯罪分子,在死刑缓期执行期满后被发现漏罪,依据刑法第七十条规定数罪并罚,决定执行死刑缓期执行的,交付执行时对犯罪分子实际执行无期徒刑,死缓考验期不再执行,但漏罪被判处死刑缓期执行的除外。在无期徒刑减为有期徒刑时,前罪死刑缓期执行减为无期徒刑之日起至新判决生效之日止已经实际执行的刑期,应当计算在减刑裁定决定执行的刑期以内。原减刑裁定减去的刑期依照本规定第三十四条处理。"

漏罪时，此时的犯罪分子已被减为无期徒刑或 25 年有期徒刑。在对犯罪分子进行并罚时，实际上相当于无期徒刑或 25 年有期徒刑与漏罪的并罚。同时由于《刑法》第 70 条规定，需要把前后两个判决所判处的刑罚进行先并后减，而将无期徒刑或 25 年有期徒刑与漏罪进行并罚，属于将前一个裁定所决定的刑罚与后一个判决所判处的刑罚进行并罚，不符合《刑法》第 70 条的规定。因而，《减刑假释规定》作了上述变通规定。

第二节　数刑中有无期徒刑的并罚

无期徒刑是仅次于死刑的重刑，目前无期徒刑的适用效果并不理想。由于刑罚执行中普遍适用减刑，并且减刑适用严格程度不高，无期徒刑在实际适用中并没有真正发挥重刑的作用，在实际适用中常被诟病为"无期徒刑有期化"。同时，《刑法》第 50 条对被判处死刑缓期二年执行的犯罪分子减为无期徒刑的规定条件缺乏实质门槛，也影响了无期徒刑刑罚效果的发挥。无期徒刑执行中减刑前后有新罪或者漏罪的处理也是理论和实践中争议较大的问题，有必要深入分析。

一、判决宣告数刑中全部或部分为无期徒刑的并罚

我国刑法理论和实务通说认为，按照我国《刑法》第 69 条的规定，对于判决宣告了数个主刑中，有数个无期徒刑或最重刑为无期徒刑的，应当按照吸收规则进行处理。只能决定执行一个无期徒刑，而不能决定执行两个以上的无期徒刑，更加不能将两个以上的无期徒刑合并为执行死刑，或者决定执行其他主刑。其原因主要是：其一，任何人都只有一个身体，人身自由权与身体本身的存在密不可分。对任何人的身体都只具有执行一个无期徒刑的可能性，而没有执行数个无期徒刑的可能性。其二，无期徒刑与有期自由刑两者之间不存在转化折抵的属性。无期徒刑与有期自由刑之间不存在量的可比和相互折算的特性，

故与有期徒刑、拘役和管制之间存在量的差别和部分或阶段性的质的差别,相互之间也无法同时执行或者先后执行。[1]本书认为,对于上述看法应当予以细化,即判决宣告数刑中全部为无期徒刑的并罚应适用择一规则,判决宣告数刑中最重刑为无期徒刑的并罚应适用吸收规则。判决宣告数刑中全部为无期徒刑的,彼此之间不存在刑罚轻重的差异,无法适用吸收规则,只能适用择一规则。只有判决宣告数刑中最重刑为无期徒刑才可以适用吸收规则,由无期徒刑吸收其他较轻的自由刑,决定执行无期徒刑。

二、判决决定执行无期徒刑的,刑罚执行中发现有新罪或漏罪的并罚

判决决定执行无期徒刑,在刑罚执行中没有减刑的情况下,假如在刑罚执行中发现有漏罪或服刑犯罪分子再犯新罪的,应当对发现的漏罪或服刑犯罪分子再犯的新罪作出判决,然后将对发现的漏罪或服刑犯罪分子再犯的新罪所处刑罚与前罪的无期徒刑予以并罚,决定执行无期徒刑。由于在上述情形中,数罪并罚后的决定执行刑罚还是无期徒刑,与没有适用数罪并罚前的刑罚一致,导致服刑的犯罪分子受到数罪并罚的惩罚感较弱,也不利于服刑犯罪分子的改造。对此应当适用《减刑假释规定》第11条规定,通过对判处无期徒刑的犯罪分子的后续减刑从严把握,对判处无期徒刑的犯罪分子保持数罪并罚后的罪刑均衡状态。

判决决定执行无期徒刑,在刑罚执行中有减刑的情况下,减刑后发现有漏罪或新罪的,可以区分为以下情形:

(一)判决决定执行无期徒刑,减刑前实施新罪,减刑后被发现的并罚

在判决决定执行的无期徒刑减刑以后的刑罚执行期间,发现被减

---

[1]　吴平:《数罪并罚论》,中国政法大学出版社2011年版,第177页。

刑的犯罪分子在减刑之前的刑罚执行期间,又犯新罪还没有被处理的,对此刑法以及司法解释没有明确规定。此种情形实际上属于无期徒刑执行中又犯新罪的并罚。需要讨论的有以下两点:其一,原减刑裁定的效力问题。本书认为,减刑前实施新的犯罪,表明犯罪分子没有悔改表现,不符合减刑条件,因此原减刑裁定应当归于自动失效。其二,并罚方法。因原减刑裁定自动失效,则实质上属于恢复原无期徒刑判决的执行。如果所犯新罪被判处的刑罚轻于无期徒刑,则按照无期徒刑吸收其他轻刑的规则处理,决定执行无期徒刑。如果所犯新罪被判处的刑罚为无期徒刑,则决定执行一个无期徒刑。如果所犯新罪被判处的刑罚为死刑,则决定执行死刑。

值得一提的是,上述情况是针对犯罪分子被减刑一次后发现减刑前的新罪的处理,但司法实践中经常出现犯罪分子被多次减刑的情况,有必要作出分析。其一,如果犯罪分子仅有一次减刑的,该减刑裁定自动失效。犯罪分子在刑罚执行期间再犯罪,表明服刑犯罪分子在刑罚执行期间,并没有做到认真遵守监规、接受教育改造、确有悔改表现,表明服刑犯罪分子不符合减刑条件,原减刑裁定不具有合法条件。由于我国刑事诉讼法中没有规定撤销减刑裁定的程序,因而认为该减刑裁定自动失效。其二,如果犯罪分子有多次减刑的,应当认为首次减刑裁定自动失效,其他减刑裁定继续有效。刑法规定的减刑条件主要是服刑犯罪分子在刑罚执行期间认真遵守监规、接受教育改造、确有悔改表现,其中的"刑罚执行期间"应当指的是减刑前的刑罚执行期间,不能是全部刑罚执行期间。

(二)判决决定执行无期徒刑,减刑后实施新罪并被发现的并罚

在判决决定执行的无期徒刑减刑以后的刑罚执行期间,发现被减刑的犯罪分子在减刑以后的刑罚执行期间又犯新罪还没有被处理的,实际上属于有期徒刑执行期间发现犯罪分子又犯新罪的并罚。服刑的犯罪分子能够得到减刑,表明其在减刑以前的刑罚执行期间,能够做到

认真遵守监规、接受教育改造、确有悔改表现,因而对其减刑裁定应当予以维持。同时,假如不认可减刑裁定的效力,将出现回复原判无期徒刑与新罪所处刑罚予以并罚的情况。犯罪分子在减刑后已经执行的刑期相当于归零,这对犯罪分子而言似乎并不公平。况且,假如犯罪分子经过多次减刑的,还需要考虑该新罪是在哪一个减刑后阶段发生,否则也将造成罪刑失衡现象。例如,犯罪分子在第四次减刑后的刑罚执行期间再犯新罪,只能代表犯罪分子在第四次减刑后的刑罚执行期间,并没有做到认真遵守监规、接受教育改造、确有悔改表现,表明服刑犯罪分子不符合减刑条件。不能代表犯罪分子在其他次减刑前后的刑罚执行期间不符合减刑条件。对此,《减刑假释规定》中也做出类似安排。①可以发现,《减刑假释规定》对此采取了折中办法。一方面规定无期徒刑减为有期徒刑的裁定继续有效,避免了对多次减刑的犯罪分子进行先减后并的数罪并罚后,出现罪刑失衡的不合理情形。同时也维持了对此种情形下的犯罪分子能够适用数罪并罚的前提条件。另一方面又规定经减刑裁定减去的刑期不计入已经执行的刑期。此处所称的"减刑裁定减去的刑期"应当指的是无期徒刑减为有期徒刑以后,再次作出减刑裁定减去的刑期,以此表明对犯新罪的犯罪分子予以从重处罚的立场。

　(三)判决决定执行无期徒刑,减刑后发现有漏罪的并罚

　判决决定执行无期徒刑,减刑以后发现有漏罪,是指在减刑以后的刑罚执行中,发现被减刑的犯罪分子在判决宣告以前还有其他罪行没有被处理的情形。判决决定执行无期徒刑,服刑期间被减刑,然后发现判决宣告以前的漏罪,就其本身法律性质而言,当然也属于《刑法》第70条规定的情形,应当适用《刑法》第70条规定的并罚方法。但由于

---

① 即"犯罪分子被裁定减刑后,刑罚执行期间因故意犯罪而数罪并罚时,经减刑裁定减去的刑期不计入已经执行的刑期。原判死刑缓期二年执行减为无期徒刑、有期徒刑,或者无期徒刑减为有期徒刑的裁定继续有效"。

上述情形中涉及前罪无期徒刑判决、减刑裁定等多个广义裁判,如何理解《刑法》第70条规定,则存在一定争议。对此,《减刑假释规定》作出了规定。①根据该规定,判决决定执行无期徒刑,减刑以后发现有漏罪的,原减刑裁定自动失效。然后依照《刑法》第70条的规定,对原判决决定的无期徒刑与漏罪判处的刑罚予以并罚,除漏罪被判处死刑以外,先并后减后的决定执行刑罚还是无期徒刑。如前文所述,无期徒刑减刑后的新罪并罚,原减刑裁定仍然有效,而无期徒刑减刑后发现漏罪的并罚,原减刑裁定却自动失效。这就可能违背了刑法理论上公认的对漏罪的并罚应当轻于对新罪的并罚的原理,上述两种情形之间明显存在罪刑失衡的可能。为解决这一问题,《减刑假释规定》作了一个较为巧妙的制度安排:无期徒刑执行中,减刑后发现有漏罪的,原减刑裁定自动失效。在新判决决定执行的无期徒刑,在刑罚执行中被减为有期徒刑时,需要把前判决决定执行的无期徒刑生效之日起,至后一个新的判决生效之日止已经实际执行的刑期,在减刑裁定决定执行的刑期内扣减。依照上述办法,既能够符合刑法规定,又解决了现实的罪刑均衡问题。

第三节　数刑均为同种有期自由刑的并罚

我国《刑法》第69条第1款的规定表明我国对同种有期自由刑并罚的规定总体上属于对限制加重规则的适用。同种有期自由刑并罚是数罪并罚刑种适用中最为常见的现象,理论与实践中对该款规定的理解也存在较多争议,对此需要深入分析。

一、关于“以下、以上”的理解

在同种有期自由刑并罚适用中,关于“总和刑期以下,数刑中最高

---

① 即“人民法院按照审判监督程序重新审理的案件,裁定维持原判决、裁定的,原减刑、假释裁定继续有效”。“犯罪分子被裁定减刑后,刑罚执行期间因发现漏罪而数罪并罚的,原减刑裁定自动失效。”

刑期以上"的"以下、以上"的理解,存在若干争议。例如,一人犯有抢劫罪、故意伤害罪两罪,其中犯抢劫罪被判处 9 年有期徒刑,犯故意伤害罪被判处 7 年有期徒刑。假如有期徒刑并罚后判决执行的刑期为最高刑期的本数,或者为总和刑期本数,是否符合刑法规定? 对此存在两种看法:其一,认为"总和刑期以下""数刑中最高刑期以上"的"以下、以上"应当包括本数。根据《刑法》第 99 条规定:"本法所称以上、以下、以内,包括本数。"《刑法》第 69 条第 1 款规定中的"总和刑期以下,数刑中最高刑期以上"也应当适用《刑法》第 99 条的规定,在数罪并罚时判决执行的刑期是总和刑期本数或者是数刑中最高刑期本数,都符合刑法规定。其二,认为"总和刑期以下""数刑中最高刑期以上"的规定不宜包括本数在内,判决决定执行的刑期不能与总和刑期或者数刑中最高刑期中的任何一个相同。其理由是:假如执行的刑期等同于数刑中的最高刑,那么数罪并罚就是采用了吸收原则。假如判决决定执行的刑期等同于总和刑期,那么数罪并罚实际上就是采用了并科规则,因而上述两种理解都不符合我国刑法关于数罪并罚原则的立法精神。至于《刑法》第 99 条关于以上、以下包括本数在内的规定属于名词解释性质,在决定执行的刑罚的时候不包括本数是刑法关于数罪并罚原则的规定所要求的,两者发生冲突的时候,前者应当服从后者。①

　　本书认为,第一种看法较为妥当。主要理由是:其一,《刑法》第 99 条属于法律具有强制性的裁判规范,不能认为属于名词解释。《刑法》第 99 条属于刑法规范中的解释性规定,属于刑法解释的对象,但不是刑法解释本身。刑法的解释性规定与其他刑法规定之间的差别仅是立法用语方式的差别,但在强制性、指导裁判的功能方面,与其他刑法规定相比较并无不同。其二,我国刑法通说认为《刑法》第 69 条第 1 款规

---

① 陈兴良:《刑法适用总论》(下卷)(第三版),中国人民大学出版社 2017 年版,第 501 页。

定了有期徒刑并罚的限制加重原则,但不能就此认为该原则具有排他性优先适用的效力,或者认为除了限制加重原则之外的都不符合我国刑法关于数罪并罚原则的立法精神。限制加重原则仅是我国刑法数罪并罚制度适用诸多原则的其中之一,在我国刑法数罪并罚制度适用的诸多原则之间并不存在优先适用或者排他适用的情形。其三,有期徒刑并罚后判决执行数刑为最高刑期本数或者总和刑期本数,不违反法律规定。我国刑法并没有明确规定,准许或者禁止对有期徒刑并罚后判决执行的刑期为数刑中的最高刑期本数或者总和刑期本数,因而对有期徒刑并罚后判决执行的刑期为数刑中的最高刑期本数或者总和刑期本数,并不违反法律规定。

对有期徒刑并罚后判决执行的刑期为数刑中的最高刑期本数或者总和刑期本数,是否具有合理性,还需要根据具体案情,结合罪刑均衡原理予以具体判断。本书认为,其一,当总和刑期与数刑中的最高刑期的数量接近时,决定执行刑期为数刑中最高刑期本数或者总和刑期本数的,符合罪刑均衡原理,具有合理性。例如,被告人触犯 A 罪应判处有期徒刑 12 年,触犯 B 罪应判处有期徒刑 6 个月。如果决定执行刑期为有期徒刑 12 年的,则决定执行刑期与数刑中的最高刑期相同。如果决定执行刑期为有期徒刑 12 年 6 个月的,则决定执行刑期与总和刑期相同。由于该案中的总和刑期为 12 年 6 个月,数刑中的最高刑为 12 年,两者数量接近,决定执行刑期的两种情形之间仅相差 6 个月,不违反罪刑均衡原理,具有合理性。如果被告人被判处的有期自由刑为拘役或者管制的,此种情形将更为明显。其二,当总和刑期与数刑中的最高刑期的数量相差较多时,决定执行刑期为数刑中最高刑期本数的,不符合罪刑均衡原理,合理性不足,应当尽量予以避免。决定执行刑期为总和刑期本数的,个案符合罪刑均衡原理,但在全部判决中应少用慎用。总和刑期与数刑中的最高刑期的数量相差较多,指的是总和刑期与数刑中的最高刑期之间的数量差超过总和刑期的一半。例如,被告人触犯 A 罪应判处有期徒刑 6 年,触犯 B 罪应判处有期徒刑 5 年 6 个月,触犯 C 罪应判处有期徒刑 3 年。数刑中的最高刑期为有期徒刑 6 年,总和刑期为 14 年 6 个月,总和刑期与数刑中的最高刑期的数量差为 8 年 6 个月,超过了总和刑期的一半(7 年 3 个月),属于总和刑期与数刑中的最高刑期的数量相差较多的情形。因而,对该案被告人按照数刑中的最高刑期本数,决定执行有期徒刑 6 年,不符合罪刑均衡原理,应当尽量予以避免。如果对该案被告人按照总和刑期本数,决定执行有期徒刑 14 年 6 个月,则在个案中符合罪刑均衡原理。但按照总和刑期本数决定执行的刑期,客观上搁置了有期自由刑限制加重并罚的立法精神,因而在判决中应少用慎用。

二、关于"酌情决定执行的刑期"的理解

《刑法》第 69 条"酌情决定执行的刑期"的规定,对管制、拘役、有期徒刑的并罚刑期确定都有着规制意义。结合三种自由刑的不同属性特点、法律规定具体刑期的差异,其意义有所不同。首先,总体上看《刑法》第 69 条"酌情决定执行的刑期"的规定对管制、拘役的并罚刑期的影响并不突出。《刑法》第 69 条同时规定"管制最高不能超过三年,拘役最高不能超过一年",结合《刑法》第 38 条规定"管制的期限,为三个月以上二年以下",以及《刑法》第 42 条规定"拘役的期限,为一个月以上六个月以下"。由此,数罪并罚时的管制期限为 3 个月以上 3 年以下,拘役期限为 1 个月以上 1 年以下,司法裁判酌情决定执行的刑期理论幅度相对较小。同时考虑到刑法分则没有规定具体罪名的管制、拘役的法定刑刑期幅度,因而司法裁判酌情决定执行的刑期在现实中争议也不大。其次,《刑法》第 69 条"酌情决定执行的刑期"的规定对有期徒刑的并罚刑期的影响争议较大。我国刑法对有期徒刑的刑期范围规定为 6 个月以上 15 年以下,数罪并罚时的上限规定为 20 年或 25 年。由此可知,刑法规定数罪并罚的有期徒刑刑期幅度在 6 个月到 25 年之间,同时结合我国刑法分则对具体罪名的有期徒刑法定刑均有明确规定,以及刑法其他制度对有期徒刑刑期的加减影响,导致理论上和实践中对"酌情决定执行的刑期"的理解出现了较多争议。理论上对此批评为"估堆量刑","在客观上赋予……极为宽泛的刑罚自由裁量权,从而造成'估堆量刑'盛行"。①

为了准确理解"酌情决定执行的刑期",实现有期徒刑限制加重并罚的量刑公正,学界提出了若干解决该问题的办法,具有代表性的主要有总和刑期以下适当下降的办法、采用提取中间数的办法、并科限制的办法、具体个案单位刑期加重的办法、双向内缩裁量的办法,除上述办法之外,还有系数折算办法、②函数代入办法、③单独增加最高刑期办法等。④

本书认为,上述办法中,除了第一种观点之外,其他办法总体上并不妥当。其实质上是在探索压缩裁判者对有期徒刑并罚的自由裁量空间,其他办法的适用将可能导致直接将总和刑期或数个宣告刑中最高刑期作为决定执行刑期的结果,在基本理念上混淆了并罚的合理性与合法性之间的关系,在办法的具体操作方面难以适用于复杂个案。

在对本部分问题的外在表现和基本理念的商榷基础上,下文将对除第一种办法以外的其他办法的实质和具体操作的不足予以分析。

第一,试图发现一种办法,以便一揽子落实"酌情决定执行的刑期"的规定,其努力值得赞赏,但并不能取得现实效果。裁判者享有对案件量刑的自由裁量权,这既是法理原则的总结,也是现实法治的需要。从法理原则上看,历代先贤很多都对裁判者的自由裁量(权)进行了论证

---

① 赵廷光:《论量刑原则与量刑公正——关于修改完善我国量刑原则的立法建议》,《法学家》2007年第4期。
② 黎其武:《数罪并罚若干问题探索》,载刘明祥主编:《马克昌教授八十华诞祝贺文集》,中国方正出版社2005年版,第745页。
③ 任江海:《数罪并罚的量化问题研究》,《河北法学》2003年第4期。
④ 余芳:《考量我国刑法中的数罪并罚原则》,《云南大学学报(法学版)》2006年第1期。

并予以肯定。就现实法治的需要看,裁判者享有对案件量刑的自由裁量权,更是认定事实、实现正义的法治需要,刑事裁判中裁判者的使命是认定事实后依法定罪量刑。由于罪刑法定主义侧重于对定罪环节的约束,使得在定罪环节的自由裁量远远小于在量刑环节的自由裁量。目前我国刑法中只有 483 个罪名,而 2009 年至 2017 年我国刑事案件立案数年均为 6 258 697 件,[①]由此可推知:罪名数量相对较少,刑事案件定罪的自由裁量相对较单纯。刑事案件数量巨大,刑事案件量刑的自由裁量必然更为复杂。量刑的自由裁量是承载事实与规范之间"目光往返来回"的交互过程,[②]在法律效果上要承担更多的正义。

第二,上述观点在具体操作方面将难以适用于复杂个案。结合上述若干代表性的看法予以分析,将出现下列难以适用于复杂个案的情况,也将出现难以实现罪刑均衡的不利局面。

(1)关于采用提取中间数的办法。按照该办法,可以设想如下情况:甲犯了 A、B 两罪,分别被判处有期徒刑 8 年、8 年。乙犯了 C、D 两罪,分别被判处有期徒刑 14 年、2 年。按照提取中间数的办法,应当对甲决定执行 8 + (16 - 8) ÷ 2 = 12 年,应当对乙决定执行 14 + (16 - 14) ÷ 2 = 15 年。此时就出现了一个疑问:甲乙两人都犯了总和刑期为 16 年有期徒刑的两个罪,为什么对甲决定的刑期要比对乙决定的刑期少执行 3 年。由此可见,该办法存在一个不合理的情况:即假如数罪之刑幅度相差悬殊,数刑中最高刑期与总和刑期之间的差距较小时,被限制自由裁量的刑期就少,犯罪分子得到较轻处罚的机会就越少。假如数罪之刑接近(尤其是数罪之刑均等),数刑中最高刑期与总和刑期之间的差距较大时,被限制自由裁量的刑期就多,犯罪分子得到较轻处罚

---

①　国家统计局网站年度数据统计,http://data.stats.gov.cn/easyquery.htm?cn = C01,2019 年 6 月 16 日访问。

②　[德]阿图尔·考夫曼:《类推与事物本质——兼论类型理论》,新学林出版股份有限公司 1999 年版,第 18 页。

的机会就越多。这反而造成了"酌情决定执行的刑期"时罪刑失衡的情形,不利于准确实施有期徒刑并罚的限制加重规则。

(2)关于并科限制的办法。按照该办法,可以设想如下情况:甲犯了 A、B 两罪,分别被判处有期徒刑 12 年、14 年。乙犯了 C、D、E、F 四罪,分别被判处有期徒刑 4 年、5 年、6 年、7 年。按照并科限制的办法,应当对甲决定执行 20 年,对乙决定执行也是 20 年。此时就出现了一个疑问:为什么甲乙两人所犯罪行差异较大,而量刑却一样。由此可见,该办法存在一个不合理的情况:犯罪分子被判处的罪名数量越多,越有可能得到更重的并罚后果,不论单个罪名所受刑罚的轻重与否。与之相比较,依照现行通常的并罚规则,对甲应当在 14 年以上 26 年以下(实际为 20 年)选择决定执行刑期,对乙应当在 7 年以上 22 年以下(实际也为 20 年)选择决定执行刑期,明显乙有更多机会受到更轻的并罚后果。这也符合人们对此的一般认识:甲所犯罪行更为严重,应当受到更重的并罚后果。乙所犯罪行相对较轻,应当受到较轻的并罚后果。这同样造成了"酌情决定执行的刑期"时罪刑失衡的情形,不利于准确实施有期徒刑并罚的限制加重规则。

(3)关于具体个案单位刑期加重的办法。按照该办法,可以设想如下情况:甲犯了 A、B 两罪,分别被判处有期徒刑 3 年、15 年。乙犯了 C、D、E、F 四罪,分别被判处有期徒刑 12 年、13 年、14 年、15 年。按照具体个案单位刑期加重的办法,甲的加重单位刑期应当是 $[(3+15)-15]\times 1/8 = 0.375$ 年,对甲决定执行 15.375 年。乙的加重单位刑期应当是 $[(12+13+14+15)-15]\times 1/8 = 4.875$ 年,对乙决定执行 19.875 年。此时就出现了一个疑问:为什么甲犯了两罪,并且有一个刑罚较轻,乙犯了四罪,并且四个刑罚均是重刑,两人的总和刑期相差 36 年,但两人的决定执行刑期却仅仅相差 4.5 年。由此可见,该办法存在一个不合理的情况:犯罪分子触犯的数罪数量越多、单个刑罚越重、总和刑期越高,所受并罚的决定执行刑期可能越轻,这明显不符合罪刑均衡的并罚要求。

（4）关于双向内缩裁量的办法。按照该办法，可以设想如下情况：甲犯了 A、B 两罪，分别被判处有期徒刑 1 年、15 年。按照双向内缩裁量的办法，应当在总和刑期减其 1/4 以下、单个宣告刑的最高刑期加其 1/3 以上的幅度内量刑，对甲应当在 12 年[（1＋15）×3/4]以下、20 年（15×4/3）以上的幅度内决定执行刑期。这就出现了令人难以理解的情况：对甲应当在 12 年以下、20 年以上的幅度内决定执行刑期，明显不合理。此时就出现了一个疑问：为什么甲犯了并不特殊的两罪，所受刑罚也没有特殊之处，但却出现如此不合理的量刑情况。由此可见，该办法存在一个不合理的情况：犯罪分子所犯数罪的刑罚中，总和刑期与单个刑罚的最高刑期之间差值越小，则总和刑期与单个刑罚的最高刑期同时向内缩减的幅度越大，以至于造成该办法处理下的总和刑期反而大幅小于单个刑罚的最高刑期的情况，也就无法选择有期徒刑并罚的决定执行刑期。

除上述办法在具体操作方面将难以适用于复杂个案之外，其他诸如系数折算办法、函数代入办法、单独增加最高刑期办法等也存在类似问题。综之，在目前我国刑法没有改变立法规定的情况下，试图发现一种办法一刀切地来贯彻"酌情决定执行的刑期"的规定，在理念上或具体操作上都是不妥当的，只有采取总和刑期以下适当下降的办法总体上较为妥当。

三、关于有期徒刑并罚上限的理解

现行《刑法》第 69 条的上述内容是《刑法修正案（八）》对原条文修订后而来。原条文是 1979 年《刑法》第 64 条第 1 款的规定，其内容是"有期徒刑最高不能超过二十年"，并一直沿用到《刑法修正案（八）》实施之前。1997 年刑法修订前夕，有学者提出：犯一罪被判处有期徒刑最高可以到 15 年，数罪并罚却不能超过 20 年，体现不出对犯数罪的加重处罚，建议修改为数罪并罚合并执行的有期徒刑最高不超过 25 年或者 30 年。①该主张在 1996 年 6 月 24 日的刑法修改稿本中曾得到一定的体现,该稿本第 67 条规定"有期徒刑最高不能超过二十五年"。后来考虑到有期徒刑期限的修改涉及很多方面的复杂问题,假如大幅提高刑期,会大大增加对犯罪分子的劳动改造成本。因此,1997 年正式修订刑法时又将有期徒刑数罪并罚的期限恢复为最高不超过20 年。

原条文受到学界的广泛质疑,主要理由有:其一,损害刑罚公正。总和刑期超过 20 年的,可能被判处 25 年、35 年、45 年甚至更高总和刑期的,都只能决定执行 20 年,不能发挥刑罚公正属性。②其二,导致罪刑失衡、量刑不公。例如,甲乙共同实施抢劫和故意伤害犯罪,甲又犯盗窃罪和寻衅滋事罪。其中甲因犯抢劫罪被判处 15 年有期徒刑,犯故意伤害罪被判处 10 年有期徒刑,犯盗窃罪被判处 8 年有期徒刑,犯寻衅滋事罪被判处 4 年有期徒刑,合并执行 20 年有期徒刑。乙因犯抢劫罪被判处 15 年有期徒刑,犯故意伤害罪被判处 10 年有期徒刑,合并执行 20 年有期徒刑。该案中,甲除了与乙共同实施抢劫和故意伤害犯罪之外,还触犯盗窃罪和寻衅滋事罪。其主观恶性与社会危害性明显要比乙更为严重,但由于受到数罪并罚最高期限的限制,其最终承受的刑罚却与乙相同。这就造成了适用法律上的实际不平等,也严重违背了罪责刑相适应原则。③其三,不能适应刑事司法的现实需要。据一项对山东某监狱在押犯情况的调查显示:该监狱内数罪并罚的在押犯已占到已决犯罪分子总数的三分之一,其中一人犯三罪(包含三罪)以上的接近四分之一,而共同犯罪、黑社会性质组织犯罪分子的数罪并罚超过

---

① 《中央有关部门、地方及法律专家对刑法修订草案(征求意见稿)的意见》,载高铭暄、赵秉志编:《新中国刑法立法文献资料总览》(下),中国人民公安大学出版社 1998 年版,第 2159 页。

② 吴平:《数罪并罚论》,中国政法大学出版社 2011 年版,第 342 页。

③ 刘树德、于同志:《刑事审判前沿问题思考》,北京大学出版社 2008 年版,第 249 页。

六成,惯犯、累犯也占有较大比重。此外在数罪并罚的犯罪分子中,总和刑期超过 20 年的也超过三分之一。[①]一般情况下,受到数罪并罚惩罚的犯罪分子通常表现为主观恶性深、人身危险性大、社会危害严重。但由于受数罪并罚最高期限的限制,导致人身危险性大的犯罪分子虽然罪行累累,但在每个罪行上都不能判处无期徒刑以上刑罚的情况,无论总和刑期有多高,最终判决决定执行的刑期都不可能超过 20 年,这就使得刑罚对这些犯罪分子的报应和预防效果大为降低。

　　理论界与实务界早已形成应当修改《刑法》原第 69 条的共识,但却主要不是基于上述理由,而是出于对废除相关死刑罪名等刑罚改革后采取长期监禁刑作为替代措施的考虑。司法部门认为:"在实践层面全面废止死刑在我国现阶段是很难的……更可行的办法是改革我国的刑罚制度,增设 20 年、30 年的长期刑……设立了长期刑后,死刑在审判机关自然就会减少适用……立法机关也会考虑逐步减少死刑罪名。"[②]学术界也有主张认为:"经过减刑后,死刑缓期二年、无期徒刑、有期徒刑的实际执行最高期限差距依次分别只有 2 年……造成三者之间衔接不合理,导致死刑缓期二年、无期徒刑有期徒刑化……改革方向之二是适当提高数罪并罚期限到 25 年或 30 年。"[③]在有期徒刑并罚的具体期限方案方面,学界观点意见不一:有的观点主张犯一罪判处有期徒刑的上限提高到 20 年,数罪并罚时最高不能超过 30 年。[④]有的观点主张犯一罪判处有期徒刑的上限提高到 20 年,数罪并罚时最高不能超过 25 年。[⑤]有的观点主张犯一罪判处有期徒刑的上限提高到 25 年,数罪并

①　周海洋:《数罪并罚制度研究》,山东大学 2006 年硕士学位论文,第 39 页。

②　廖卫华:《司法部建议增设 30 年以上长期刑、以减少死刑适用》,《新京报》2005 年 1 月 17 日。

③　谢望原、游涛:《我国刑罚制度的主要缺陷与变革》,《政治与法律》2010 年第 10 期。

④　马长生、许文辉:《死刑限制视角下的有期徒刑上限提高论——兼论我国重刑体系的冲突及衔接》,《法学杂志》2010 年第 1 期。

⑤　陈兴良:《刑法哲学》(第六版),中国政法大学出版社 2017 年版,第 502 页。

罚时最高不能超过 30 年。①有的观点主张犯一罪判处有期徒刑的上限提高到 25 年，数罪并罚时最高不能超过 35 年。②有的观点主张犯一罪判处有期徒刑的上限提高到 30 年，数罪并罚时最高不能超过 40 年。③但实际上"死刑的限制或废除根本不需要刻意地去寻找替代刑，也根本没有必要提高实际已经不轻的生刑的期限……我国刑法规定的生刑并不存在'过轻'的问题，司法实践中对犯罪分子判处的生刑也不存在'过轻'的情况，而造成'生刑过轻'的根源则完全在于人们认识上的偏差以及刑罚执行制度和实践中出现的偏差"。④

　　然而遗憾的是，在 2011 年《刑法修正案（八）》讨论修订时，立法机关受到学界部分观点的影响，在没有提高单个犯罪的有期徒刑上限的基础上，对有期徒刑并罚的上限作出了提高规定。该立法修订模式存在两个方面的不足：其一，修改的指导思想不成熟。如前所述，我国本不存在"生刑过轻"的问题，本不需要对有期徒刑并罚的上限予以修改。即便综合考虑要修改该条规定，也要基于完善我国刑罚结构的指导思想进行修改。但实际上却是出于"专项斗争"和"不利于犯罪分子回归社会，也会加大监管机构的执行压力和行刑成本"的考虑而修改。⑤其二，修订后反而造成新的并罚难题。《刑法修正案（八）》创造性地根据总和刑期的不同，将有期徒刑并罚的上限分为两个档次，将有期徒刑并罚由单一上限变革为双重上限。此种修订对《刑法》第 69 条本身而言，表面上似乎没有太大问题。但由于《刑法》第 69 条是《刑法》第 70 条、

① 彭文华：《我国刑罚体系的改革与完善》，《苏州大学学报（哲学社会科学版）》2015 年第 1 期。
② 欧锦雄：《论死刑废止过渡期的刑罚阶梯》，《浙江工商大学学报》2005 年第 3 期。
③ 赵秉志主编：《死刑制度之现实考察和完善建言》，中国人民公安大学出版社 2006 年版，第 225 页。
④ 刘宪权：《限制或废除死刑与提高生刑期限关系论》，《政法论坛》2012 年第 3 期。
⑤ 黄太云：《〈刑法修正案（八）〉解读（一）》，《人民检察》2011 年第 6 期。

第71条的被引用条款,同时由于司法实践存在对《刑法》第70条、第71条相关规定的理解差异,导致《刑法修正案(八)》实施后,涉及漏罪、新罪的有期徒刑并罚出现较多新的难题。"决定执行刑期的统一规则被分割成两个互斥规则,这是造成数罪并罚后再犯新罪的罪刑失衡现象的首要原因",①甚至将出现对漏罪"先并后减"的并罚重于对新罪"先减后并"的并罚的不合理情况。②为妥当处理好这些问题,应当全面准确地认识和适用修订后的《刑法》第69条有关规定。

(一)关于该规定的总体理解

第一,应当把有期徒刑并罚放在刑种并罚适用的中心位置,对上述规定采取发展适用立场进行理解。在我国刑罚体系中,有期徒刑不仅在立法规定中最为广泛,而且在司法适用中也最为普遍。其他主刑要么在立法或司法适用中不广泛,要么适用条件存在争议,或者两者皆有,不具有匹配处罚犯罪的实质广泛性。例如,对管制刑的立法规定适用较为广泛,但在司法适用中却相当稀少。另外,刑法理论上多数主张减少直至废除死刑,近年来我国立法机关在刑法修正中陆续废除了22个罪名的死刑,死刑在我国刑罚体系中的功能进一步减弱。因而可以说,有期徒刑是名副其实的主刑,有期徒刑并罚是刑种并罚适用的中心内容。有期徒刑并罚作为事实上替代措施的趋势将越来越明显,应当对上述规定采取发展适用立场进行理解。

第二,应当把有期徒刑并罚放在阶段并罚适用的中心位置,对上述规定采取综合适用立场进行理解。由于主刑刑种的适用特点,使得有期徒刑并罚成为贯穿审判时、刑罚执行完毕前发现漏罪或新罪等三种阶段并罚方法最具技术特点的类型。数罪并罚中涉及其他主刑的,有的主刑如死刑具有一次性适用的特点,不存在刑罚执行完毕前对发现

① 袁国何:《数罪并罚后再犯新罪的罪刑失衡及其教义学出路》,《法学》2019年第7期。
② 刘志刚:《数罪并罚制度修正后应注意的两个问题》,《人民法院报》2012年2月8日第6版。

漏罪或新罪进行并罚的可能性。有的主刑如无期徒刑,虽然也具有刑罚执行完毕前对发现漏罪或新罪进行并罚的可能性,但刑法对此却没有明确规定,只能根据刑法基本原则并参照刑法条文进行适用。我国立法也是将有期徒刑并罚作为数罪并罚的基本模式写入刑法,这就启示我们:当发现理论研究或者司法适用中对数罪并罚的刑法条款有争议时,应当将该争议放入有期徒刑并罚的思考框架内进行分析,再提出解决办法。当发现刑法对数罪并罚的规定有适用缺陷或立法疏漏时,应当将其代入有期徒刑并罚进行思考,并予以完善。

(二)关于"总和刑期"的理解

要全面准确地理解关于总和刑期的刑法规定,可以先从该规定中的两大关键词入手,即"总和刑期"和"最高不能超过"。前者是《刑法修正案(八)》的创造规定,后者则是延续刑法的既往规定。由于刑法对上述两大关键词均没有明确界定,从而导致理论上和司法实践中对此出现较多争议。

本书认为,要全面准确地理解总和刑期的范畴,应当立足于总和刑期的功能进行分析。

第一,不能将总和刑期等同于有期徒刑的并罚刑期法定上限。立法创造了一个全新的法律概念,该全新的法律概念必然具有区分功能,以便与其他概念尤其是与相似概念相区分,否则立法将没有意义且会造成新的混乱。总和刑期双层规定是《刑法修正案(八)》的创造规定,在此之前并无类似概念,因而具有与并罚刑期法定上限相区分的功能。并罚刑期法定上限不是一个新的法律概念,它从1979年制定刑法以来就存在于我国刑法之中,在《刑法修正案(八)》修订之前,有期徒刑并罚刑期法定上限与总和刑期的关系并不复杂,只是在《刑法修正案(八)》修订之后,两者之间呈现出复杂的双层关系。另外,总和刑期与刑法规定并罚刑期法定上限具有完全不同的立法内涵。从理论上看,总和刑期本身并不受到任何限制,能够决定总和刑期的只有数罪被判处的数刑罚,而并罚刑期法定上限则要受到刑法规定的限制,刑法对并罚刑期法定上限的规定则是出于罪刑均衡和功利成本的博弈考虑。可以设想,随着人工智能时代的来临,自然人的健康状况将大大改善,自然人的寿命也将可能大大延长。为适应这一情况,并罚刑期法定上限有可能再次提高,但是总和刑期的概念将不会变化。因而,将总和刑期等同于并罚刑期法定上限,甚至用并罚刑期法定上限取代总和刑期的观点,并不足取。

第二,总和刑期是数罪宣告刑的刑期总和。总和刑期是通过对数罪判处宣告刑之后,再相加计算而形成。在不同的数罪案件中会形成不同的总和刑期,因而总和刑期是变动不居的实质内容。宣告刑是对数罪应受惩罚的轻重判断结果,根据罪责刑相适应原则,宣告刑同时也是对犯罪分子犯罪性质与犯罪危害轻重的评价。总和刑期建立在数罪判处的宣告刑基础上,因而总和刑期具有对数罪的评价功能。并罚刑期法定上限是刑法对数罪判处刑罚的限制规定,确立并罚刑期法定上限的标准不是总和刑期,而是考虑罪刑均衡与功利成本,总和刑期仅仅是确立并罚刑期的法定上限的间接参照系。并罚刑期法定上限表面上依靠于总和刑期,但实际上没有对数罪的评价功能。换言之,总和刑期为 36 年的数罪应受刑罚与总和刑期为 46 年的数罪应受刑罚,在决定执行刑期时都是 25 年有期徒刑,都是数罪并罚的法定最高刑期,完全没有区别。这使得并罚刑期法定上限与司法实践中的数罪具体情况不存在直接联系,因而也就不存在评价功能。

第三,总和刑期的适用应当兼顾罪刑均衡原理。我国刑法将总和刑期与有期徒刑并罚刑期上限分为两种情况分别适用,这既体现了刑法对数罪并罚的限度规定,也体现了总和刑期具有指导功能。同时需要注意的是,《刑法》第 70 条、第 71 条都规定了"依照本法第六十九条的规定,决定执行的刑罚",从而表明《刑法》第 69 条规定的"总和刑期"对《刑法》第 70 条、第 71 条的适用有着决定性意义。然而,在适用《刑法》第 70 条、第 71 条规定时,需要准确把握漏罪并罚和新罪并罚时的总和刑期,否则将不符合罪刑均衡原理。例如,某地司法系统公务员招录考试中曾出题如下:甲犯诈骗罪被判 10 年、盗窃罪被判 12 年、抢劫罪被判 15 年,数罪并罚决定执行 25 年。执行 3 年后又犯故意杀人罪,被判 10 年。考试组织方认为该题答案为:对甲再次数罪并罚的最高刑为有期徒刑 20 年。[1]考试组织方的看法并不妥当:甲假如没有犯新罪的情况下,应当被继续执行 22 年有期徒刑,而甲再犯新罪受到并罚以后,反而只能再被继续执行 20 年有期徒刑。犯罪分子不仅没有因再犯新罪而受到更严厉的惩罚,反而可以从再次犯罪中获益,这既违背了罪刑均衡原理,也不符合正义观念。"被决定执行 25 年有期徒刑者……再犯任何一个法定刑不高于 10 年有期徒刑之罪,总和刑期就不可能在 35 年以上。"[2]之所以出现上述不合理的并罚结果,主要因为在新罪并罚时的总和刑期是先前判决决定执行的刑期里尚未执行的剩余刑期与后罪所判处的宣告刑的总和,导致前后两个判决决定的刑期总和被不当减少,从而令新罪并罚时的总和刑期不能达到 35 年,令有新罪的犯罪分子并罚后的刑期反而少于不并罚的刑期。

（三）关于"最高不能超过"的理解

对有期徒刑并罚时"最高不能超过"的理解,可以从有期徒刑并罚刑期上限与总和刑期的一般关系、有期徒刑并罚刑期上限与较长总和刑期的特殊关系、有期徒刑并罚刑期上限能否突破单个罪的有期徒刑刑期的法定上限三个方面予以展开。

第一,有期徒刑并罚刑期上限与总和刑期的一般关系。根据《刑法》第 69 条的规定,有期徒刑并罚时对"最高不能超过"的理解,指的是酌情决定执行的有期徒刑刑期最高不能超过的法定界限。该界限是依

---

[1]　转引自闻志强:《有期徒刑数罪并罚规定的司法适用问题研究》,《湖北经济学院学报》2018 年第 4 期。

[2]　袁国何:《数罪并罚后再犯新罪的罪刑失衡及其教义学出路》,《法学》2019 年第 7 期。

照总和刑期是否超过 35 年而划定的两种具体期限,并且有期徒刑并罚刑期上限随着总和刑期的升级而升级,这表明了有期徒刑并罚刑期上限与总和刑期的一般关系。当数罪被判处的宣告刑确定后,将数个宣告刑予以相加合并形成了总和刑期,再根据总和刑期是否超过 35 年来确定数罪并罚时的主刑最高刑期的上限。然而,根据总和刑期是否超过了 35 年有期徒刑的限度,来确定数罪并罚时有期徒刑最高刑期的上限,实质上将有期徒刑并罚分为两种处罚类型,有可能发生罪刑失衡的现象。例如,甲犯有 4 个罪,其中 3 个罪的刑期均为 9 年有期徒刑,另一个罪的刑期为 7 年有期徒刑,总和刑期为 34 年有期徒刑。乙也是犯有 4 个罪,其中 4 个罪的刑期均为 9 年有期徒刑,总和刑期为 36 年有期徒刑。甲乙两人除了其中某单个罪量刑存在差异外,其他的量刑情节基本相同。依照刑法规定,对甲应当在 9 年至 20 年有期徒刑之间决定执行刑期,对乙应当在 9 年至 25 年有期徒刑之间决定执行刑期。两者因为单个罪刑期之间 2 年有期徒刑的差异而有可能导致最终并罚刑期出现 5 年有期徒刑的差异,似乎难以符合通常的正义观念。本书认为,出现这种罪刑失衡的现象,其原因在于《刑法》第 69 条第 1 款规定的有期徒刑并罚刑期上限随着总和刑期升级而升级的关系存在不完全协调的缺陷,意味着总和刑期相差 1 年的犯罪分子有可能被判处并罚刑期相差 5 年的有期徒刑刑罚。这虽然可以认为是有期徒刑并罚的技术性问题,但却对罪刑均衡原理提出较大挑战。对此可以通过更为灵活的司法操作来解决该问题,当司法个案决定执行的刑期发生在总和刑期的临界幅度内,尽量充分考虑总和刑期的内部结构与决定执行的刑期的比例关系,避免出现总和刑期增加 1 年而导致决定执行的刑期增加数年的不合理情形。

第二,有期徒刑并罚刑期上限与总和刑期临界值之间的量化对应关系。根据刑法规定,总和刑期由数罪的宣告刑相加形成,同时根据《刑法》第 45 条规定有期徒刑的期限一般为 6 个月以上 15 年以下。数罪并罚要求数罪最少为两罪,因而总和刑期的临界值存在若干组合:总和刑期的最小值为犯两罪时处以两个单个刑罚最轻的 6 个月有期徒刑宣告刑,总和刑期为 1 年。当犯两罪时处以两个单个刑罚最重的 15 年有期徒刑宣告刑,总和刑期为 30 年,总和刑期的最大值则根据并罚数罪的数量,呈现出 15×2、15×3……的 15 倍增数趋势。由此,有期徒刑并罚时,并罚刑期上限与总和刑期临界值之间存在较为复杂的情形:一是有期徒刑总和刑期不满 35 年的,并罚刑期最高不超过 20 年。该规定通过设置有期徒刑总和刑期的上限作为并罚刑期上限的参照系,结合《刑法》第 69 条第 1 款前半部分的规定,对有期徒刑并罚刑期的影响因素还有单个刑罚的最高刑期。如上所述,有期徒刑单个刑罚的最高刑期最轻的为 6 个月、最重为 15 年,因而此时有期徒刑并罚刑期上限与总和刑期最小值之间的量化对应关系组合起来有如下三种情形:有期徒刑单个刑罚的最高刑期为 6 个月,总和刑期最轻的为 1 年的;有期徒刑单个刑罚的最高刑期为 15 年,总和刑期最轻的为 15 年 6 个月的;有期徒刑单个刑罚的最高刑期为 15 年,总和刑期最重的为 30 年的。该三种情形中的有期徒刑总和刑期均没有超过 35 年,因而有期徒刑并罚决定执行刑期均不超过 20 年。与有期徒刑单个刑罚的最高刑期相差最多为 5 年,与总和刑期的相差数最大值接近 15 年,有期徒刑并罚刑期上限与总和刑期临界值之间的量化对应关系总体上属于较大范围之内。二是有期徒刑总和刑期超过 35 年的,并罚刑期最高不超过 25 年。该规定同样是将有期徒刑总和刑期作为并罚刑期上限的参照系,但是与第一种情况不同的是,该规定是将有期徒刑总和刑期的下限作为并罚刑期上限的参照系,这就带来与第一种情况不同的适用问题。根据《刑法》第 45 条规定有期徒刑的期限一般为 6 个月以上 15 年以下,有期徒刑并罚的总和刑期如要超过 35 年,要求判决时至少存在三个罪。因而,有期徒刑并罚刑期上限与总和刑期最小值之间,出现的量化对应关系组合有:(1)有期徒刑单个刑罚的最低刑期为 6 个月,同时要求至少还需要 3 个罪,并且其中至少有 2 个罪的量刑不低于 15 年有期徒刑,数刑的总和刑期才可能超过 35 年有期徒刑。(2)有期徒刑单个刑罚的最高刑期为 15 年,在原有 3 个罪的基础上,同时要求至少还需要 2 个罪,并且其中有 1 个罪的量刑不低于 10 年有期徒刑,数刑的总和刑期才可能超过 35 年有期徒刑。此时决定执行的刑期最高达到 25 年有期徒刑,与有期徒刑单个刑罚的最高刑期相差最多为 10 年,与总和刑期的相差数最小值接近 10 年,有期徒刑并罚刑期上限与总和刑期临界值之间的量化对应关系总体上仍然属于较大范围之内。在第二种情况中更为突出的问题在于,有期徒刑总和刑期超过 35 年的并没有法定上限。当犯罪分子实施十几项罪行甚至几十项罪行,并且每项罪行量刑都只能判处有期徒刑时,有期徒刑总和刑期超过 35 年的,无论超过刑期多少,都只能被判处 25 年有期徒刑,这就造成有期徒刑总和刑期与并罚刑期上限之间的量化对应关系出现明显不协调的状况。如被告人周某犯组织、领导黑社会性质组织罪等罪行共计 12 项,总和刑期达到 70 年有期徒刑,①决定执行刑期只能是 25 年有期徒刑,勉强超过总和刑期的三分之一。单纯从总和刑期与罪行的惩罚对应关系看,意味着有一大半罪行没有得到应有刑罚,虽不违反刑法的形式规定,但是难以符合罪刑均衡原理的实质理解。

　　第三,有期徒刑并罚刑期能否突破单个罪的有期徒刑刑期的法定上限。被告人被认定构成数罪并予以并罚后,有期徒刑刑期有可能突破单个罪的有期徒刑刑期的法定上限。如甲因犯虚假诉讼罪被判处宣告刑 6 年有期徒刑,犯拒不执行判决、裁定罪被判处宣告刑 5 年有期徒刑,决定执行 9 年有期徒刑。而虚假诉讼罪与拒不执行判决、裁定罪的法定上限均为 7 年有期徒刑,该决定执行的 9 年有期徒刑均超过了该

---

① 参见贵州省六盘水市中级人民法院(2019)黔 02 刑终 181 号刑事裁定书:中国裁判文书网,网址:http://wenshu.court.gov.cn/website/wenshu/181107ANFZ0BXSK4/index.html?docId=5b93978752b94e66afd4aac301657488,2019 年 7 月 19 日访问。

两个罪的有期徒刑刑期的法定上限。对此,日本有学者认为:"(日本刑法)第 47 条的加重主义,是为了缓和并科主义的残酷而制定,与通过简单累加就各具体犯罪所宣判的刑罚而得出的总和刑期相比,假若对并合罪判处更重的刑罚,应该说是有违第 47 条的立法宗旨。"①日本曾有案例涉及上述问题,即所谓的"新潟女子监禁案":X 掠取了 9 岁的 A 之后,在长达 9 年多的时间内一直予以监禁,由此造成了 A 的两个下肢肌肉萎缩的伤害,同时为了供 A 穿用,还盗窃了 4 件内裤(金额相当于 2 500 日元)。对于该案,一审判定监禁致伤罪(当时的法定刑为 3 个月以上 10 年以下惩役)与掠取未成年人罪(当时的法定刑为 3 个月以上 5 年以下惩役)属于想象竞合,该想象竞合犯与盗窃罪(当时的法定刑为 10 年以下惩役)属于并合罪,最终判处接近处断刑之上限(15 年惩役)的 14 年惩役。然而,对于金额仅相当于 2 500 日元的盗窃行为,通常是采取微罪处分,根本不能对该行为判处 4 年惩役,因而一审判决的疑问就在于,对于监禁伤害这一事实判处了超出其法定刑上限(10 年惩役)的刑罚。为此,二审认为,对于构成并合罪的各个犯罪,不允许出现处以其法定刑上限的刑罚的结果,从而改为了判处 11 年惩役。但最高裁平成 15 年 7 月 10 日(刑集 57 卷 7 号 903 页)支持一审判决,其理由在于,现行法规定的是在由第 47 条所形成的统一刑的范围之内,对整个并合罪决定具体的刑罚,而没有预定对就各具体犯罪所裁定的刑罚进行累加。②

　　本书认为,暂不考虑我国刑法与日本刑法的立法制度差异,仅就我国刑法而言,有期徒刑并罚刑期可以突破单个罪的有期徒刑刑期的法定上限,具有正当性、合法性。具体理由如下:其一,有期徒刑并罚刑期

---

① 　[日]松原芳博:《刑法总论重要问题》,王昭武译,中国政法大学出版社 2014 年版,第 386 页。

② 　案号:平成 15(あ)60,日本裁判所网站:http://www.courts.go.jp/app/hanrei_jp/detail2?id=50069,2019 年 8 月 3 日访问。

与单个罪的有期徒刑刑期法定上限是两种完全不同的法律制度,总体上不具有可比性。我国刑法对有期徒刑并罚刑期的规定属于建立在总和刑期与单个罪所受刑罚的最高刑之间的选择加重规则。我国刑法对单个罪的有期徒刑刑期的法定上限规定属于对该罪责任的轻重考虑,反映出刑法立法对单个罪进行惩罚的正义需求。其二,有期徒刑并罚刑期可以突破单个罪的有期徒刑刑期的法定上限,不违反罪刑法定原则。有期徒刑并罚刑期是在数罪判处的宣告刑基础上,通过适用法定规则而确定的决定执行刑期,在适用基础和适用规则方面完全遵循罪刑法定原则。单个罪的有期徒刑刑期的确定,是根据刑法对单个罪成立条件的规定作出是否定罪的判断后,根据刑法对法定刑刑种和量刑幅度的规定而作出的宣告刑决定。在我国刑法上,该宣告刑的决定同时也是执行性决定,也完全遵循罪刑法定原则。其三,有期徒刑并罚刑期可以突破单个罪的有期徒刑刑期的法定上限,不违反罪刑均衡原理。有期徒刑并罚刑期是按照法定规则的方法,在数罪的总和刑期以下、单个罪所受刑罚的最高刑以上,选择确定的决定执行刑期。就刑法理论而言,有期徒刑并罚刑期的确定是落实"一罪一罚、数罪数罚、数罪并罚"的罪刑均衡的理论需要。就刑法规定而言,数罪并罚的规则适用是将罪刑均衡原理与刑法立法相结合的基本途径。有期徒刑并罚刑期是数罪并罚时罪刑均衡原理的集中体现,单个罪的有期徒刑刑期的法定上限是刑法定罪量刑基本模式在罪刑均衡方面的集中体现,两者互相补充、互相支撑,并不违反罪刑均衡原理。

第四节　数刑为不同种有期自由刑的并罚

　　数刑为不同种有期自由刑的并罚,包括三种情形:有期徒刑与拘役的并罚、有期徒刑与管制的并罚、拘役与管制的并罚。不同种有期自由刑的刑种性质与执行方法之间存在较大差异,其并罚明显不能沿用同种自由刑的并罚规则。我国刑法历来是以同种有期自由刑并罚作为立法的常态,长期以来对不同种有期自由刑的并罚没有作出明确规定,从而在理论上长期存在较多争议。以至于有的观点认为不同种有期自由刑的并罚可能是伪命题,司法实务工作者往往也认为这并不是需要重视的问题。①然而,随着《刑法修正案(八)》增设主刑最高只能处以拘役的危险驾驶罪等 3 个罪名,以及《刑法修正案(九)》进一步增加了危险驾驶罪的罪状之后,这一问题开始成为现实。并且,最近几年来危险驾驶罪发案数量猛增,已经跃居常见多发犯罪的前列,拘役与有期徒刑、拘役与管制等不同种有期自由刑的并罚已经成为现实中的常见多发现象。为此,《刑法修正案(九)》作出明确规定。②然而,《刑法修正案(九)》只解决了不同种有期自由刑并罚的部分问题,另有部分老问题不但没有解决,反而引发了更多的新问题,有必要予以深入研究。

一、数刑为不同种有期自由刑并罚的理论争议

　　刑法理论上对如何处理数刑为不同种有期自由刑并罚,主要存在以下观点:

　　(一)传统折算说(折抵说)

　　该观点主张:不同种有期自由刑之所以不能按照同种有期自由刑并罚,主要是由于两者的刑种性质不同。假如将不同种有期自由刑的数量折算为同种有期自由刑的数量再予以并罚,就具有了并罚基础。具体方法是将较轻的有期自由刑折算为较重的有期自由刑,再按照限制加重的规则予以并罚。例如将拘役、管制刑期折算为有期徒刑刑期,或者将管制刑期折算为拘役刑期,具体折算方法是管制刑期两日折算为有期徒刑或拘役刑期一日,拘役刑期一日折算为有期徒刑刑期一日。主张折算说(折抵说)的学者认为,该学说具有刑法的法定依据,即《刑

---

① 陈伟:《异种自由刑并罚的立法问题及其化解》,《现代法学》2016 年第 5 期。

② 即"数罪中有判处有期徒刑和拘役的,执行有期徒刑。数罪中有判处有期徒刑和管制,或者拘役和管制的,有期徒刑、拘役执行完毕后,管制仍须执行"。

法》第 41 条、第 44 条、第 47 条的规定,该 3 个条文规定了判决前已经先行羁押的期限与决定执行刑期折抵的规则,即羁押一日的折抵管制刑期两日、折抵拘役刑期一日或折抵有期徒刑刑期一日。[1]

（二）吸收说

该观点认为:对于不同种有期自由刑的并罚,可以采取重刑种吸收轻刑种的规则来决定执行的刑种与刑期,即数刑中有有期徒刑、拘役、管制的,有期徒刑吸收拘役与管制,只执行有期徒刑。数刑中有拘役、管制的,拘役吸收管制,只执行拘役。[2]

（三）分别执行说

该观点主张:对于同时判处不同种有期自由刑的,将犯罪分子被判处的刑罚依照从重到轻的顺序依次执行。例如,同时判处一个有期徒刑、一个拘役、一个管制的,应当依次执行有期徒刑、拘役、管制。同时判处数个有期徒刑、数个拘役、数个管制的,应当先将同种刑罚予以并罚后,再依次执行有期徒刑、拘役、管制。[3]

（四）分别处理说

该观点主张:对判决宣告的不同种有期自由刑的并罚,不应对全部问题采取同一种规则进行处理,而应根据具体情形加以区分后,分别适用不同办法予以并罚。有的学者主张,对不同种有期自由刑的并罚,可以根据具体情况分别采取折算说和吸收说的方法决定执行的刑期:对于被告人既判处拘役又判处管制,或既判处有期徒刑又判处管制的,可依照由重到轻的顺序依次执行。对于有期徒刑与拘役的并罚,则可以采取折算法,先将拘役 1 日折算为有期徒刑 1 日,再按照《刑法》第 69 条规定的限制加重规则来决定应执行的刑期。[4]有的学者认为,对有期

---

[1]　马克昌主编:《刑罚通论》,武汉大学出版社 1999 年版,第 485 页。

[2]　翟中东主编:《刑种适用中疑难问题研究》,吉林人民出版社 2001 年版,第 284 页。

[3]　甘雨沛等:《犯罪与刑罚新论》,北京大学出版社 1991 年版,第 305 页。

[4]　石红卫:《非同种主刑数罪并罚初探》,《当代法学》2000 年第 3 期。

徒刑和拘役予以并罚时应以限制加重原则为主，兼取吸收原则。具体办法是：以有期自由刑最高的刑种作为决定执行的刑罚，在各刑种确定的最高有期刑相同时以重刑种作为决定执行的刑罚。①

（五）提高最高刑说

该观点主张：被判处不同种有期自由刑需要并罚的，可以所宣告的主刑种类中最重的刑罚为基础，再酌情加重处罚作为执行的刑期，同时根据可能宣告的各种有期自由刑的幅度及其不同结构来确定加重处罚的上限。运用该种规则可以较为科学且统一地解决不同种有期自由刑合并执行的难题，能够达到与同种有期自由刑合并处罚相近的法律效果，可以使同种或者不同种的有期自由刑并罚都可以适用限制加重原则，也不用过多考虑对被告人宣告的有期自由刑刑种和刑期，最终对被告人决定执行的刑罚种类和期限总体上相当。②例如，张某因犯甲罪被宣告处以 3 年有期徒刑、犯乙罪被宣告处以 4 个月拘役，先以所宣告的主刑种类中最重的刑罚为基础，即以 3 年有期徒刑为基础，再酌情加重处罚作为执行的刑期，最终对甲决定执行 3 年 2 个月有期徒刑。

二、我国刑法与司法解释的相关规定

我国刑法与司法解释对不同种有期自由刑并罚的规定可以分为两个阶段：一是在 2015 年《刑法修正案（九）》出台之前，主要由最高人民法院的有关司法解释对其作出规定。二是在 2015 年《刑法修正案（九）》出台之后，主要由《刑法》第 69 条第 2 款对其作出规定。

（一）2015 年以前的有关司法解释

1981 年 7 月，最高人民法院发布《关于管制犯在管制期间又犯新罪被判处拘役或有期徒刑应如何执行的问题的批复》（〔1981〕法研字第

---

① 费晔：《被告人徐卫东盗窃抗诉案——对有期徒刑和拘役实行数罪并罚之我见》，《人民司法》2006 年第 10 期。

② 赵秉志主编：《刑罚总论问题探索》，法律出版社 2003 年版，第 477 页。

18 号），实质上支持了分别执行说的观点。①

1984 年 9 月，最高人民法院研究室在《关于对拘役犯在缓刑期间发现其隐瞒余罪判处有期徒刑应如何执行问题的电话答复》，实质上支持了分别执行说的观点。②

1988 年 3 月，最高人民法院研究室在《关于被判处拘役缓刑的犯罪分子在考验期内又犯新罪应如何执行问题的电话答复》，实质上支持了分别执行说的观点。③

2006 年 8 月 16 日最高人民法院针对上海市高级人民法院对徐卫东一案的请示，最高人民法院研究室对被告人在拘役缓刑考验期内又犯新罪被判处有期徒刑应如何并罚的问题予以研究，并征求了全国人大常委会法工委刑法室的意见，实质上支持了吸收说的观点。④

上述有关司法解释虽然已经由 2019 年 7 月《最高人民法院关于废止部分司法解释（第十三批）的决定》予以废止，但研读其有关内容仍可探究司法机关对不同种有期自由刑并罚的观点与变化。由上述司法解释的主要观点和支撑依据可以看出：关于拘役与有期徒刑的并罚，最高审判机关的立场发生了从倾向于分别执行说转向吸收说的变化过程。1988 年 3 月，最高人民法院研究室《关于被判处拘役缓刑的犯罪分子在考验期内又犯新罪应如何执行问题的电话答复》倾向于分别执行说。

---

① 即"仍可按照本院 1957 年 2 月 16 日法研字第 3540 号复函的意见办理，即'在对新罪所判处的有期徒刑或者拘役执行完毕后，再执行前罪所没有执行完的管制。'对于管制犯在管制期间因发现判决时没有发现的罪而被判处拘役或有期徒刑应如何执行的问题，也可按照上述意见办理"。

② 即"以先执行有期徒刑、后执行拘役为宜，即在有期徒刑执行完毕后再执行拘役，以免在对犯罪分子先执行拘役时，犯罪分子为逃避有期徒刑而发生逃跑等意外情况"。

③ 即"可参照我院〔1981〕法研字第 18 号批复的精神办理，即在对新罪所判处的有期徒刑执行完毕后，再执行前罪所判处的拘役"。

④ 即"刑法第六十九条对不同刑种如何数罪并罚没有明确规定，因此，对于被告人在拘役缓刑考验期内又犯新罪被判处有期徒刑应如何并罚问题，可根据案件的不同情况，个案处理，就本案而言，即可以只执行有期徒刑，拘役不再执行"。

到了 2006 年 8 月最高人民法院研究室《关于被告人在拘役缓刑考验期内又犯新罪被判处有期徒刑应如何并罚问题的答复》则不再支持上述内容，而是承认审判人员的自由裁量权，即认为"可根据案件的不同情况，个案处理"。在该答复所涉及的徐卫东案件中，①被告人徐卫东因前罪被判处拘役 6 个月、缓刑 6 个月，因后罪被判处有期徒刑 2 年。最高人民法院研究室在该答复中认为，就本案而言，可以只执行有期徒刑，拘役不再执行，其实质上是认为在该案中对有期徒刑和拘役的并罚可以采取吸收规则。

在上述徐卫东案件中，最高人民法院研究室在相关批复中"可根据案件的不同情况，个案处理"的意见实质上是倾向于吸收规则，但在其他场合下并不一定能得出同样结论，仍有较多司法工作者倾向于采取分别执行说。例如，被告人犯非法拘禁罪被人民法院判处拘役 4 个月、缓刑 6 个月，后该被告人在缓刑执行期间又触犯故意伤害罪，被人民法院宣告判处有期徒刑 3 年，决定撤销拘役缓刑，决定执行有期徒刑 3 年，拘役 4 个月。有的司法工作者就该案处理认为："对于犯罪分子涉及到有期徒刑和拘役需要实行数罪并罚时只能分别执行。"②从 2006 年最高人民法院研究室对徐卫东案件的答复后至 2015 年《刑法修正案（九）》出台之前，类似看法在近 10 年时间里不断出现，并引起较多争议，要求立法者对此作出明确规定的呼声越来越迫切。

---

① 徐卫东案件简况：被告人徐卫东因犯盗窃罪于 2005 年 5 月被法院判处拘役 6 个月、缓刑 6 个月。2005 年 7 月 6 日至 16 日期间，徐卫东在拘役缓刑考验期内又秘密窃取数额较大的财物，已构成盗窃罪。法院于 2005 年 10 月以盗窃罪判决。判决后，检察机关认为，对于被判处拘役宣告缓刑的犯罪分子在缓刑考验期内再犯新罪被判处有期徒刑的刑期执行问题，应当对新罪所判处的有期徒刑执行完毕后，再执行前罪所判处的拘役，遂于 2005 年 11 月以一审判决适用法律错误导致量刑不当为由，向上级法院提出抗诉。最高人民法院研究室于 2006 年 8 月以法研〔2006〕145 号文答复。据此，上海市第二中级人民法院于 2006 年 8 月裁定：驳回抗诉，维持原判。
② 郭凤江：《拘役、有期徒刑如何并罚》，《检察日报》2013 年 5 月 26 日第 3 版。

（二）《刑法》第 69 条第 2 款的规定

为了回应现实的司法需要和理论期待,2015 年《刑法修正案（九）》对不同种有期自由刑的并罚在第 69 条第 2 款中作出了明确规定,[①]结束了长期以来我国刑法中没有对不同种有期自由刑并罚予以规定的局面。

对于是否有必要在立法中明确规定不同种有期自由刑的并罚,有的司法工作者持不同看法,"不少实务工作人员认为,没有必要在立法层面对异种自由刑的并罚加以立法规定……为了防范不必要的麻烦,此时只需要把拘役刑转换成六个月的有期徒刑……"。[②]本书认为,刑法有必要对不同种有期自由刑的并罚作出规定,其理由简述如下:一是贯彻罪刑法定原则的需要。在刑法对不同种有期自由刑并罚没有作出规定的情况下,必然将不同种有期自由刑并罚裁量规则的确定移交到司法环节,促使裁判进行能动司法。然而,应将能动性主要适用于民事、行政司法领域,对刑事司法领域,应当更加强调严格依法办案。[③]即使勉强将不同种有期自由刑并罚转化为同种有期自由刑并罚,却是以牺牲量刑公正为代价。[④]只有在刑法中对不同种有期自由刑的并罚作出规定,才能为根本上解决这一问题提供贯彻罪刑法定原则的形式基础。二是公正量刑、实现罪刑均衡的需要。在刑法对不同种有期自由刑并罚没有作出规定的情况下,必然将不同种有期自由刑并罚的具体裁量标准移交给审判环节,也就难以避免"同案不同判、同罪不同刑"的罪刑失衡。量刑均衡以立法上的配刑均衡为前提条件,只有刑事立法中的配刑大体上符合均衡性要求,刑事司法中的量刑均衡才能真正得

---

① 即"数罪中有判处有期徒刑和拘役的,执行有期徒刑。数罪中有判处有期徒刑和管制,或者拘役和管制的,有期徒刑、拘役执行完毕后,管制仍须执行"。

② 陈伟:《异种自由刑并罚的立法问题及其化解》,《现代法学》2016 年第 5 期。

③ 姚莉:《当下中国语境下的"能动司法"界说》,《法商研究》2011 年第 1 期。

④ 袁登明:《刑罚适用疑难问题精解》,人民法院出版社 2012 年版,第 234 页。

以实现。①三是处理漏罪与新罪并罚的现实需要。在处理审判前发现包含可能被宣告为拘役的数罪情形时,上述司法实务工作者认为的"此时只需要把拘役刑转换成六个月的有期徒刑"的办法,或许能够解决这一问题。然而,当前某个判决中已被判处拘役的犯罪分子,在缓刑期间或者拘役执行期间又犯新罪,或者被发现又有漏罪尚未处理的,这一办法明显无法运用,应当直接面对处理好不同种有期自由刑并罚的问题。

在肯定刑法有必要对不同种有期自由刑的并罚作出规定后,需要对刑法规定的具体内容做出分析评价,理论界与实务界对此明显分为肯定立场与批评立场。有的观点认为《刑法》第 69 条第 2 款的规定属于吸收说,并对此持肯定立场。"采取吸收规则的真正弊端是……管制被其他自由刑刑种吸收,会进一步加剧有期徒刑和拘役执行的封闭程度……并科方案更为可取,既能发挥管制独有的预防和规制作用,又为改进现有刑罚体系及结构留有空间。"②但不采取吸收说而采取分别执行说的实际运行则存在更多困难。被告人犯数罪后并罚的刑罚种类是拘役刑和有期徒刑的,假如将全部刑罚都放在监狱或看守所执行,就与刑事诉讼法有关人权保障立法精神相违背,也不符合相关羁押场所的法律规定。③持批评立场的观点有的认为:"《刑法》第 69 条第 2 款或许是《刑法修正案(九)》中最草率的规定。"④有的观点也认为:"就现有刑法修正案对异种自由刑并罚的规定来看,却存在诸多理论上的不合理之处。"⑤

三、建议采取比例折算说的处理思路

综合比较上述学说,结合我国立法规定,本书建议对不同种有期自

---

① 郭理蓉:《刑罚政策研究》,中国人民公安大学出版社 2008 年版,第 190 页。

② 王利荣等:《异种自由刑数罪并罚如何适用法律》,《人民检察》2015 年第 20 期。

③ 郭凤江:《拘役、有期徒刑如何并罚》,《检察日报》2013 年 5 月 26 日第 3 版。

④ 张明楷:《数罪并罚的新问题——〈刑法修正案(九)〉第 4 条的适用》,《法学评论》2016 年第 2 期。

⑤ 陈伟:《异种自由刑并罚的立法问题及其化解》,《现代法学》2016 年第 5 期。

由刑的并罚采取比例折算说的处理思路。即数罪中有判处有期徒刑和拘役的,将拘役依照 14/15 的比例折算为有期徒刑,再进行并罚后,决定执行有期徒刑。管制不予折算,数罪中有判处有期徒刑和管制,或者拘役和管制的,有期徒刑、拘役执行完毕后,管制仍须执行。

（一）采取比例折算说的原因

第一,符合《刑法》第 69 条第 2 款的立法规定。该款规定"数罪中有判处有期徒刑和拘役的,执行有期徒刑",表明立法明确了有期徒刑和拘役并罚时的决定执行刑种为有期徒刑,但没有对执行有期徒刑的具体方式作出明确规定。对该款不能理解为可以排斥对拘役处理的任何考虑,更不能理解为拘役被有期徒刑吸收,客观上导致拘役对应的罪行没有得到应有的追究。因而,当数罪中有判处有期徒刑和拘役,将拘役以一定比例折算为有期徒刑,并不违背刑法规定,有利于实现实质公正。有期徒刑和拘役本质上都属于监禁刑,都属于对犯罪分子较重罪行的刑罚适用,在监禁性质上没有差异。因而在决定执行有期徒刑的刑期时,将拘役刑期折算为有期徒刑刑期,具有与有期徒刑刑期限制加重并罚的相当价值,从而较好地在尊重刑法规定与便于司法实践两者之间实现平衡。

第二,采取比例折算法,有利于克服传统直接折算法的弊端。传统直接折算法没有考虑到我国刑罚体系中同时存在监禁刑与非监禁刑的实际情况。世界上大多数国家没有规定非监禁的限制自由刑,因而其他国家可以在不同种刑罚并罚时采取吸收规则、直接限制加重规则、直接换算后并科规则等。相比较而言,在我国就难以对不同种刑罚并罚时采取上述规则。采取比例折算说的办法,将拘役刑期依照一定比例折算为有期徒刑,管制不予折算,符合我国刑罚体系中同时存在监禁刑与非监禁刑的实际情况,兼顾了监禁刑的剥夺人身自由性质与非监禁刑的限制人身自由性质,较好实现两者之间的平衡。

第三,采取比例折算法,符合刑法对拘役和有期徒刑法定性质的规定。根据《刑法》第 43 条的规定,"在执行期间,被判处拘役的犯罪分子每月可以回家一天至两天"。因此,被判处拘役的刑罚,在执行中有 1/30 或者 1/15 的刑期实际上属于开放执行的状态,不应当与有期徒刑进行折算。传统折算法没有考虑到拘役与有期徒刑之间的法定执行差异,将拘役一天直接折算为有期徒刑一天,不符合《刑法》第 43 条的规定,也不利于保障犯罪分子的合法权益。从最大程度保障犯罪分子合法权益的考虑出发,将拘役刑期的 14/15 比例折算为有期徒刑刑期,符合刑法规定,也更为合理妥当。

(二)采取比例折算说的适用

一人犯数罪,同时被宣告判处数个有期徒刑、拘役的。例如,甲因盗窃罪被判处 6 个月拘役,因故意伤害罪被判处 6 个月有期徒刑,因诈骗罪被判处 1 年有期徒刑。依照比例折算说的办法,将 6 个月拘役折算为 5 个月 18 天有期徒刑,对甲应当在 1 年有期徒刑与 1 年 11 个月 18 天有期徒刑之间,决定执行的有期徒刑具体刑期。

一人犯数罪,同时被宣告判处有期徒刑、拘役、管制的。例如,甲因危险驾驶罪被判处 5 个月拘役,因故意伤害罪被判处 2 年有期徒刑,因使用虚假身份证件罪被判处 1 年管制。依照比例折算说的办法,将 5 个月拘役折算为 4 个月 21 天有期徒刑,对甲应当在 2 年有期徒刑与 2 年 4 个月 21 天有期徒刑之间,决定执行有期徒刑具体刑期,同时 1 年管制仍需执行。

第五节 数刑中有附加刑的并罚

数刑中有附加刑的并罚主要包括三种情形:主刑与附加刑的并罚问题、同种附加刑的并罚问题以及不同种附加刑的并罚问题。关于主刑与附加刑的并罚问题,我国刑法虽然未作规定,但刑法理论上基本都认可应当并罚,并采取并科规则。对此,前述各大法系国家或地区立法也都予以认可。2018 年我国《刑事诉讼法》作出重大修改,增设了缺席审判,犯罪嫌疑人、被告人逃匿、死亡案件违法所得的没收程序,规定在符合法定条件的情形下可以进行缺席审判,可以裁定没收已死亡的犯罪嫌疑人、被告人的违法所得和其他涉案财产,这也从侧面反映出我国立法者对于没收附加刑与主刑并罚时的基本立场。

关于同种附加刑的并罚问题以及不同种附加刑的并罚问题,在《刑法修正案(八)》出台之前,有的观点认为同种附加刑的并罚问题在司法实践中并不存在。就数个同种财产刑并罚而言,审判人员完全可以根据具体案件中犯罪分子的经济能力和具体案情,针对其中的一个犯罪灵活判处一个罚金刑或者一个没收财产刑。因此,数个罚金刑或者数个没收财产刑的合并处罚是不可能实际存在的问题。[①] 就数个剥夺政治权利并罚而言,在诉讼实践中不需要对一个犯罪分子同时判处两个剥夺政治权利,完全可以根据具体案情,针对其中一个犯罪判处一个剥夺政治权利。但学界多数观点认可司法实践中存在同种附加刑的并罚问题,刑法理论上也需要进一步研究同种附加刑并罚和不同种附加刑并罚的问题。在《刑法修正案(八)》出台之后,同种附加刑并罚和不同种附加刑并罚有了基本的法律依据,但仍然存在较多需要研究的问题。

一、数个罚金的并罚

根据《刑法》第 69 条第 2 款的规定,数个罚金的并罚属于附加刑种类相同的并罚,应当合并执行。但对于合并执行的具体方法,需要结合我国刑法分则规定具体适用。

(一)数个罚金的合并执行不是简单的相加执行

从刑法规定来看,合并执行并不完全等于相加执行,应当理解为合并执行包括相加执行,还可能包括限制加重执行。从前述其他法系国家或地区的立法来看,对财产刑(主要是罚金刑)的并罚通常都规定有

---

① 陈兴良主编:《刑法全书》,中国人民公安大学出版社 1997 年版,第 387 页。

并罚上限,例如,《德国刑法典》第 54 条规定:"总和刑不得达到个别宣告刑之合计……罚金不得超过七百二十日额。"《日本刑法典》第 48 条第 2 款规定:"并合罪中有两个以上的罪判处罚金时,应当在各罪规定的罚金最高数额的总和以下处断。"《法国刑法典》第 132-5 条规定:"日罚金刑的法定最高数额与公共利益劳动刑、刑期的法定最高刑期,分别由第 131-5 条及第 131-8 条予以规定。"即日罚金刑的法定最高数额为 1 000 欧元、总天数不超过 360 天,公共利益劳动刑、刑期的法定最高刑期为 280 小时。将数个罚金的合并执行简单理解为相加执行,在具体案件处理时,将可能突破各罪规定的罚金刑上限,将有违反罪刑法定原则之嫌。同时,将数个罚金的合并执行简单理解为相加执行,也可能不当地加重被告人的负担。

(二)数个罚金的合并执行应当结合刑法分则规定

从我国刑事立法和司法实践来看,采取简单相加的办法,不符合我国目前的实际情况,实践中难以执行。我国刑法在罚金上采用了无限额罚金、幅度罚金和倍比罚金三种形式,在某些情形下根本无法执行相加的办法。例如,当数罪被判处附加幅度罚金或倍比罚金的,罚金刑起点比较高,假若数个罚金完全相加,最终确定的罚金数额可能与犯罪分子的经济状况和实际履行能力相差很大,导致判决无法执行。因此,对两个以上的罚金刑并罚,应当结合刑法分则规定,确定一个罚金刑并罚的最高限额,在此基础上采用有限制的相加原则,将数个罚金刑相加,确定执行的罚金数额,但是不得超过法定的罚金刑并罚的最高限额。

二、数个没收财产的并罚

根据《刑法》第 69 条第 2 款的规定,数个没收财产的并罚属于附加刑种类相同的并罚,应当合并执行。根据我国《刑法》第 59 条规定,①

---

① 即"没收财产是没收犯罪分子个人所有财产的一部或者全部。没收全部财产的,应当对犯罪分子个人及其扶养的家属保留必需的生活费用"。

数个没收财产的并罚将有以下三种情形:第一,数个没收财产刑中有一个是没收犯罪分子的个人全部财产。对此,应当按照《刑法》第69条第2款的规定,适用吸收规则,决定执行数个没收财产宣告刑中的没收犯罪分子的个人全部财产。第二,数个没收财产刑都只没收犯罪分子的部分财产,而且没收财产的总和不超出犯罪分子个人所有的全部财产。对此,应当按照《刑法》第69条第2款的规定,适用限制加重规则,决定执行数个宣告没收财产刑相加后的没收财产总和数额,但不得超过犯罪分子个人全部财产。第三,数个没收财产都是没收犯罪分子的部分财产,但数个没收财产的总额已是或超过犯罪分子个人所有的全部财产。对此,应当按照《刑法》第69条第2款的规定,同样适用限制加重规则,决定执行数个宣告没收财产刑相加后的没收财产总和数额,但不得超过犯罪分子个人全部财产。

三、数个剥夺政治权利的并罚

(一)数个剥夺政治权利并罚的基本内容

数个剥夺政治权利并罚的情形,可能有以下两种:

数个剥夺政治权利中有一个是剥夺政治权利终身的,按照《刑法》第69条第2款的规定,对同种附加刑合并处罚的规定,采用吸收规则,应当执行剥夺政治权利终身。

数个剥夺政治权利都是剥夺一定期限的政治权利的,应采用限制加重规则。具体办法是:在数个剥夺政治权利最高刑期以上,数个剥夺政治权利总和刑期以下,决定执行剥夺政治权利刑期,但不得超过执行上限。但《刑法》第69条第2款只规定合并执行,没有规定并罚的执行上限。对这个问题,理论界一般认为应当有一个上限。对具体的期限也存在不同的观点,一种观点认为应当是5年,因为《刑法》第55条第1款规定,除了剥夺政治权利终身外,剥夺政治权利的最高期限为1年以上5年以下,所以在并罚时,剥夺政治权利最高期限也不能超过5年。另一种观点主张10年,因为《刑法》第57条第2款规定,死刑缓期二年、无期徒刑减为有期徒刑的，应把剥夺政治权利的期限改为 3 年以上 10 年以下。①本书认为，应当将 10 年作为剥夺政治权利并罚的上限，主张上限为 5 年的观点并不妥当。因为刑法同样规定管制、拘役和有期徒刑的最高刑期，但是在并罚时都在相关最高刑期上有所增加，刑法以此体现对实施数罪行为人的加重处罚。对剥夺一定期限政治权利发生并罚时以 10 年作为上限，比行为人一罪处罚时附加剥夺政治权利的 5 年期限适当增加，符合数罪并罚时应当加重的立法精神。

（二）对有关司法解释规定的理解与适用

2009 年 6 月最高人民法院发布了《关于在执行附加刑剥夺政治权利期间犯新罪应如何处理的批复》（以下简称《剥夺政治权利批复》），该司法解释对司法实践中关于在执行附加刑剥夺政治权利期间犯新罪应如何处理的争议给出了解决办法，但仍需要深入分析。具体如下：

关于《刑法》第 71 条规定的"先减后并"刑期计算方法与剥夺政治权利的并罚。从立法意图上看，《刑法》第 71 条规定的"先减后并"刑期计算方法是以前罪的主刑没有执行完毕为前提。从条文来看，《刑法》第 71 条规定的"判决宣告以后，刑罚执行完毕以前"形式上并没有对其中的"刑罚"种类加以限制。但从该条规定的"先减后并"刑期计算方法的特点来看，"前罪没有执行的刑罚"指的是主刑。否则就无法适用"先减后并"的方法，也无法依照《刑法》第 69 条的规定"酌情决定执行的刑期"。对判处有期徒刑、同时并处剥夺政治权利的犯罪分子，在前罪判决决定的"主刑已执行完毕"的情况下，由于主刑已执行完毕，已不存在《刑法》第 71 条的"先减后并"并罚方法中被减的刑罚内容，也就难以直接适用《刑法》第 71 条的"先减后并"并罚方法。同时，由于所犯新罪没有被附加剥夺政治权利，也不存在《刑法》第 71 条的"先减后并"并罚方法中被并的刑罚内容，因此需要适用《刑法》第 69 条第 3 款"数罪中有

---

① 王志祥：《剥夺政治权利的并罚问题研究》，《政治与法律》2002 年第 4 期。

判处附加刑的,附加刑仍须执行,其中附加刑种类相同的,合并执行"的规定,实际上只存在如何合并执行的问题。因而上述解释第1点规定的该处理方法与《刑法》第71条的规定之间,①实质上存在较大差异。

上述批复第2点前段虽然规定了剥夺政治权利附加刑的效力施行办法,②但第2点后段却规定"附加刑剥夺政治权利的效力施用于新罪的主刑执行期间",存在一定的矛盾。《刑法》第58条规定所指向的内容,是指因犯特定的罪被判处有期徒刑、拘役,同时并判处剥夺政治权利附加刑的,剥夺政治权利附加刑的效力既适用于该罪主刑执行期间,又从该罪主刑执行完毕之日或者假释之日起执行一定的期限。其立法精神是:被判处的主刑与剥夺政治权利附加刑都是对同一个犯罪分子进行惩罚的法律后果,两者之间具有两位一体的密切关系。在判处剥夺政治权利附加刑的情况下,剥夺政治权利应当属于补充特定主刑适用的附加刑。但该批复所规定的"附加刑剥夺政治权利的效力施用于新罪的主刑执行期间",却有可能造成了原判决决定执行的主刑与附加刑之间内在联系的割裂,不当地将前罪判决决定附加剥夺政治权利的效力施用于新罪判决决定的主刑执行期间,客观上加重了被告人的刑事责任。例如,犯罪分子甲因犯A罪被判处2年有期徒刑,附加剥夺政治权利2年。在2年有期徒刑执行完毕后,附加剥夺政治权利执行还剩1年的时候,又犯B罪,应当被判处3年有期徒刑。依照上述批复规定,对甲前罪剩余的1年附加剥夺政治权利的刑期从B罪的主刑有期徒刑执行之日起停止计算,其实际执行应当从B罪的主刑有期徒刑

---

① 即"一、对判处有期徒刑并处剥夺政治权利的犯罪分子,主刑已执行完毕,在执行附加刑剥夺政治权利期间又犯新罪,如果所犯新罪无须附加剥夺政治权利的,依照刑法第71条的规定数罪并罚"。

② 即"前罪尚未执行完毕的附加刑剥夺政治权利的刑期从新罪的主刑有期徒刑执行之日起停止计算,并依照刑法第五十八条规定从新罪的主刑有期徒刑执行完毕之日或者假释之日起继续计算"。

执行完毕之日或者假释之日起继续计算,并且附加刑剥夺政治权利的效力施用于 B 罪的主刑执行期间。甲在未犯新罪的时候,实际剩余附加剥夺政治权利的刑期只有 1 年,而在犯新罪并罚后,实际被剥夺政治权利的时间变为 4 年,两者相比较可见,对上述批复的适用,明显客观上加重了被告人的刑事责任。

四、数个不同种附加刑的并罚

对于不同种类的附加刑如何并罚的问题,《刑法修正案(八)》出台之前,刑法对此并没有作出明确规定,《刑法修正案(八)》出台后则规定"数罪中有判处附加刑的,附加刑仍须执行……种类不同的,分别执行"。由此,不同种类附加刑的并罚主要包含三种情况:一是没收财产与罚金的并罚。具体区分两种情形:假如没收财产是没收全部财产,应当适用吸收原则。决定执行没收财产,罚金刑视为已经执行;假如没收财产是没收部分财产,应当适用限制加重规则。理由是:罚金与没收财产虽然名称不一致,但都是财产刑,在性质上完全一致,执行方式以及对犯罪分子所带来的后果完全一致,因而适用限制加重规则。《刑法修正案(八)》只笼统地规定对不同种类的附加刑应分别执行,没有考虑到不同种类附加刑之间也可能存在需要根据吸收规则和限制加重规则来并罚的情形,存在一定缺陷。二是罚金与剥夺政治权利的并罚。此种情况应当适用并科规则,理由是:罚金刑属于财产刑,而剥夺政治权利属于剥夺权利刑,两种刑罚性质完全不同,在并罚时只能并科。三是没收财产与剥夺政治权利的并罚。与上述情形类似,也应当适用并科规则。

第三章　数罪并罚的阶段制度论

　　根据我国《刑法》第 69 条、第 70 条、第 71 条的规定,数罪并罚依照数罪的发现以及审判时间的差异可以分为三种不同的阶段,即判决宣告以前的数罪并罚、刑罚执行中发现漏罪的数罪并罚、刑罚执行中发现新罪的数罪并罚。把数罪并罚的处理依照不同的阶段予以制度安排,是刑法的中国特色在数罪并罚制度上的重要体现,也是具有中国特色的宽严相济刑事政策的重要体现。我国刑法立法重视数罪并罚的阶段适用,较为罕见地在刑法总则中没有实行"宜粗不宜细"的立法惯例,而是着墨甚多地对数罪并罚的阶段适用作出规定。①这一方面有利于罪刑法定原则的贯彻,另一方面也对合理适用相关条文的解释提出了更高的要求。

---

① 我国《刑法》在总则部分除第 69 条、第 70 条、第 71 条以外的条文均用字约为 92 字,而第 69 条、第 70 条、第 71 条的条文均用字为 147 个字,大大超过平均条文字数。

第一节　数罪并罚的阶段适用范围

一、关于数罪并罚阶段适用范围的理论观点

数罪并罚的阶段适用范围,在理论上又有"数罪并罚的成立范围""数罪并罚制度适用的范围""适用数罪并罚的时间条件""数罪并罚的范围""数罪并罚适用期限""并合论罪之范围"等多种表达,主要关注于数罪并罚在何种范围内适用,尤其是在何种阶段范围内适用。[①]阶段范围集中表现为数罪并罚处理的时间范围,因而立法在何种时间范围内确定数罪并罚,就会直接影响到数罪并罚适用空间的宽或窄。可以说,立法对数罪并罚的阶段范围确定的时间越晚,数罪并罚的适用就相对越宽。而立法对数罪并罚的阶段范围确定的时间越早,数罪并罚的适用范围也就相对越窄。确定数罪并罚的阶段适用范围对于准确适用刑法规定、合理进行数罪并罚具有重要的基础意义,只有将数罪并罚界定在一定的阶段范围之内,才能进行可控的数罪并罚。由于对数罪的确定和并罚的立场各有不同,因而在理论上和立法例上对数罪并罚存在较多的争议与差异。

在刑法理论上,对数罪并罚阶段适用范围的观点主要有三种:

（一）裁判宣告主义或称裁判宣告说

裁判宣告主义是指数罪并罚的阶段范围以裁判宣告完毕为最终的时间界限,假如犯罪发生于裁判宣告之后,就不能与裁判宣告前的犯罪进行并罚,只能予以单独裁判。

（二）裁判确定主义或称裁判生效说

裁判确定主义是指数罪并罚的阶段范围以裁判确定与否作为标准,对裁判已经宣告并且发生法律效力以前的一行为人所犯数罪予以

---

① 陈立、林俊辉:《数罪并罚成立范围之立法检讨》,《法学》2005 年第 10 期。

并罚。换言之,判决确定以后再犯的新罪或发现的罪行不再予以并罚。法国有学者对此解释认为:"一个人实行一个犯罪,因此受到追诉,并经'立即出庭'受到判决,但在该判决做出几天后尚未最终确定之时,该人又实行新的犯罪,前后两个犯罪即合成并合罪。"①

（三）刑罚执行未完毕主义或称刑罚执行未完毕说、刑罚消灭说

刑罚执行未完毕主义或者称为刑罚执行未完毕说、刑罚消灭说,是指数罪并罚的阶段范围以刑罚执行是否完毕或是否受到赦免为阶段界限,对于刑罚执行完毕以前、缓刑考验期或假释考验期满以前或者赦免以前,一个被告人所犯数罪均予以并罚。对于刑罚执行完毕以后、缓刑考验期或假释考验期满以后或者赦免以后,一个被告人新犯的罪行或发现的漏罪均不再予以并罚。

二、我国数罪并罚的阶段适用范围属于刑罚执行未完毕主义

我国少数学者认为我国刑法关于数罪并罚的阶段适用范围的规定属于裁判宣告主义,绝大多数学者认可属于刑罚执行未完毕主义,并对前者提出批评:"（采用裁判宣告主义的观点）混淆了判决宣告说与刑罚消灭说（即刑罚执行未完毕主义）之间的界限,未能正确判明判决宣告说与刑罚消灭说之间的关系。判决宣告说仅将判决宣告以前所犯数罪纳入并罚的范围,而刑罚消灭说却将应予并罚的数罪范围拓展到刑罚未执行完毕以前所犯数罪。由此可见,刑罚消灭说的并罚范围已将判决宣告说的并罚范围完全包容在内。"②本书赞成我国数罪并罚的阶段适用范围属于刑罚执行未完毕主义,但通说并未对采用该模式的具体内容与理由予以阐述,对此有必要予以分析。

首先,从我国对附加刑执行的立法规定而言,我国数罪并罚的阶段适用范围属于刑罚执行未完毕主义。坚持刑罚执行未完毕主义的关键

① ［法］卡斯东·斯特法尼等:《法国刑法总论精义》,罗结珍译,中国政法大学出版社1998年版,第574页。
② 赵秉志主编:《刑罚总论问题探索》,法律出版社2003年版,第456页。

在于附加刑执行未完毕的，是否纳入数罪并罚的范围。本书认为，对此应当根据我国对不同种类附加刑执行的立法规定，区分不同种类附加刑执行的特点，作出不同的分析。

第一，财产刑附加刑执行未完毕的，不能予以数罪并罚。我国刑法规定的财产刑附加刑主要是罚金与没收财产，根据《刑法》第53条规定："对于不能全部缴纳罚金的，人民法院在任何时候发现被执行人有可以执行的财产，应当随时追缴。"由此可见，我国刑法对于罚金刑的执行没有规定具体期限，因而也就不存在执行完毕的问题。我国刑法对于没收财产刑的执行期限未作直接规定，但在《刑法》第64条中规定"犯罪分子违法所得的一切财物，应当予以追缴或者责令退赔……违禁品和供犯罪所用的本人财物，应当予以没收"，参照该条与第53条的立法精神，对于判处没收财产的，在任何时候发现被执行人有可以执行的财产，也应当随时追缴，否则将造成刑罚结构失衡。因而，对于没收财产刑的执行不存在具体期限，也就不存在执行完毕的问题。综上，财产刑附加刑执行未完毕的，不能予以数罪并罚。对于财产刑附加刑执行期间发现的新罪或者漏罪，如果也判处财产刑附加刑的，应当分别继续执行。

第二，剥夺政治权利附加刑执行未完毕的，应当予以数罪并罚。根据我国刑法的有关规定，剥夺政治权利的期限一般为1年以上5年以下，在死刑缓期执行减为有期徒刑或者无期徒刑减为有期徒刑的时候，附加剥夺政治权利的期限为3年以上10年以下。附加剥夺政治权利的刑期，从徒刑、拘役执行完毕之日或者从假释之日起计算，剥夺政治权利的效力当然适用于主刑执行期间。由上述规定可见，剥夺政治权利附加刑具有执行期限，最长不超过10年，剥夺政治权利附加刑存在执行完毕或者执行未完毕的状态，也就存在剥夺政治权利附加刑执行未完毕的期间内，发现新罪或漏罪的数罪并罚问题。对于剥夺政治权利附加刑执行未完毕的期间内，发现新罪或漏罪的数罪并罚，也应当适用我国刑法的数罪并罚规定。

其次，从立法规定的形式理解看，我国数罪并罚的阶段适用范围属于刑罚执行未完毕主义。我国刑法对数罪并罚的立法规定主要体现在第69条、第70条和第71条中，以及第50条关于死缓的数罪并罚特别规定。第69条、第70条和第71条中的有关规定，①与第50条之间形成了一般法与特别法的关系。从第50条的表述中可以发现，死刑缓期二年执行期间同样属于刑罚执行完毕以前的范畴，死刑缓期二年执行期间发现的漏罪或新罪并罚，也应当适用第70条、第71条的规定。但由于刑法同时作出了第50条的特别规定，因而，对于死刑缓期二年执行期间发现的漏罪或新罪并罚，应当首先适用第50条的规定，如果第50条没有规定的，则应当适用第70条、第71条的规定。

最后，从法律适用的实质理解看，我国数罪并罚的阶段适用范围属于刑罚执行未完毕主义。就法律适用的实质理解而言，应当准确把握我国数罪并罚的阶段适用范围属于刑的合并的实质，与有的国家立法规定的"罪的合并"（并合罪）或者有的国家立法规定的"裁判的合并"相区别。

日本刑法中规定有并合罪，与我国刑法的数罪并罚有形似之处，但在法律适用的实质上却有较大区别。例如，根据《日本刑法典》第45条、第50条的规定，"如以某个行为人具有五个成立犯罪的事实为例。其中，从时间上来看，假若第三个犯罪事实在第四个犯罪事实实施以前，就被确定的裁判处以监禁以上的刑罚的话，以第一个到第三个的犯罪就构成一个并合罪，另外第四个和第五个犯罪构成一个并合罪，对这

---

① 即"判决宣告以前一人犯数罪的""判决宣告以后，刑罚执行完毕以前，发现被判刑的犯罪分子在判决宣告以前还有其他罪没有判决的""判决宣告以后，刑罚执行完毕以前，被判刑的犯罪分子又犯罪的"等内容，清晰地表明对数罪并罚的阶段适用范围以"刑罚执行完毕以前"为界限。在第50条中，明确规定"判处死刑缓期二年执行的，在死刑缓期二年执行期间……如果故意犯罪，情节恶劣的……对于故意犯罪未执行死刑的……"等内容。

两个并合罪,分别判处作为并合罪的刑罚"。①而依照我国刑法规定,假如该行为人的五个成立犯罪的事实均在一个审判前被发现而需要处理的,不论其中是否有一个或数个犯罪已被判决,对于其他犯罪事实而言,只能构成一次数罪并罚。假如该行为人的其中一个犯罪已被判决,其他四个犯罪事实在刑罚执行完毕以前被发现,也只能构成一次数罪并罚。由此可见,日本刑法中的并合罪与我国刑法中的数罪并罚在法律适用的实质上有着较大区别。

俄罗斯刑法中规定有"裁判的合并",与我国刑法的数罪并罚也有形似之处,但在法律适用的实质上却有较大区别。《俄罗斯联邦刑法典》第 70 条规定了裁判的合并制度,②该条规定与我国数罪并罚制度的适用区别可从下列事例发现:例如,第一个判决因犯罪分子故意严重损害 3 个人的健康(第 11 条第 3 款第 2 项)而判处其 11 年剥夺自由。在剥夺自由的场所服刑 1 年后又杀害两人(第 105 条第 2 款第 1 项),因而被判处 20 年剥夺自由。第 105 条第 2 款规定的剥夺自由刑罚的最高刑期为 20 年,而第 11 条第 3 款第 1 项的规定为 12 年。依照第 70 条第 3 款的规定,最高刑期对于法院是没有意义的,法院可以对数个判决予以合并判处高于 20 年的任何刑期,但不得超过 30 年。假如第二个判决是数罪并罚(对两个严重犯罪或特别严重的犯罪按数罪并罚判

---

① [日]大谷实:《刑法总论》(新版第 2 版),黎宏译,中国人民大学出版社 2008 年版,第 452 页。

② 即"第 70 条(总合刑事案判决合并处罚的刑罚裁定):(1)对数个刑事案判决合并裁定刑罚时,法院前一判决尚未履行完结的部分刑罚,应当全部或部分附加到法院后一判决裁定的刑罚之中。(2)如果数个刑事案判决合并后的最终刑罚轻于剥夺自由刑,则最终刑罚不得超出本法典总则对该种刑罚规定的最高期限和最高数额。(3)数个刑事案判决合并后的最终刑罚为剥夺自由刑时,剥夺自由刑的期限不得超过 30 年。(4)数个刑事案判决合并后的最终刑罚,既应当高于对新罪应当判处的刑罚,又应当高于法院前一判决中尚未履行的部分刑罚。(5)对数个刑事案判决合并后进行刑罚裁定的时候,如果确定对其适用附加刑,则应当依据本法典第 69 条第 4 条款规定的原则予以裁定"。

处 20 年剥夺自由),所处的刑罚全部或部分附加前一判决尚未服完的刑罚时,服刑期可以判到 30 年。[1]而依照我国刑法规定,犯罪分子在刑罚执行期间再犯新罪的,应当对其进行"先减后并"的数罪并罚,并罚幅度受到法律的统一限制,不得超过一般并罚时的最高年限。由此可见,俄罗斯刑法中的裁判的合并与我国刑法中的数罪并罚在法律适用的实质上也有着较大区别。

第二节　判决宣告以前的数罪并罚

　　判决宣告以前的数罪并罚指的是根据《刑法》第 69 条的规定而形成的数罪并罚阶段适用类型,对此有的观点也称之为"普通数罪"。[2]判决宣告以前的数罪并罚是最为常见的数罪并罚形式,属于绝大多数国家立法和刑法理论都认可的数罪并罚阶段。《刑法》第 69 条规定的判决宣告以前的数罪并罚是基本的数罪并罚形式,我国《刑法》第 70 条规定的判决宣告后发现漏罪的并罚、《刑法》第 71 条规定的判决宣告后发生新罪的并罚,是对《刑法》第 69 条规定的判决宣告以前的数罪并罚的补充与延续。因而准确全面地分析判决宣告以前的数罪并罚,对于数罪并罚的阶段适用具有重要基础意义。对判决宣告以前的数罪并罚的分析可以从两部分进行,分别是判决宣告以前的数罪并罚适用基础与判决宣告以前的数罪并罚适用规则:前者包括判决宣告以前的数罪并罚特征与立法条款理解,后者主要指的是数罪并罚的刑种并罚适用,已在前述章节分析。

一、判决宣告以前的数罪并罚特征

（一）判决宣告以前的数罪并罚的明示特征

　　所谓判决宣告以前的数罪并罚的明示特征,指的是根据刑法立法

---

[1]　[俄]俄罗斯联邦总检察院编:《俄罗斯联邦刑法典释义》(上),黄道秀译,中国政法大学出版社 2000 年版,第 176 页。

[2]　吴平:《数罪并罚论》,中国政法大学出版社 2011 年版,第 236 页。

规定,从刑法立法的条款文本中直接分析出来的特征。根据我国《刑法》第 69 条的规定,判决宣告以前的数罪并罚的明示特征主要有:

第一,一人触犯数罪。判决宣告以前的数罪并罚的"一人犯数罪"是《刑法》第 69 条明文规定的内容,而在刑法其他涉及数罪并罚的条款中并没有作出明文规定。由此可见,刑法对判决宣告以前的数罪并罚特征予以高度重视,也凸显了刑法立法对判决宣告以前的数罪特征与刑罚执行中的数罪特征采取了不同的立场。判决宣告以前的数罪并罚中,"一人犯数罪"的理解实质上主要是犯罪构成意义上的"数罪",少数情况下可能出于罪刑均衡的考虑,而认为不构成"数罪"。有的观点认为:"当犯罪只有一个幅度的法定刑时,对同种数罪应当并罚。例如,以暴力分别干涉两个人的婚姻自由的,应当实行并罚。"①该观点并不妥当。其一,该观点的论据并不妥当。当犯罪只有一个幅度的法定刑,并不是对同种数罪实行并罚的充分论据。判断同种数罪是否并罚的充分论据可以分为三重:首先是根据刑法立法规定。其次是刑法没有规定的,再根据罪责刑相适应原则判断。最后是既没有刑法规定,也无法根据罪责刑相适应原则得出妥当判断的,再参照司法处断。当犯罪只有一个幅度的法定刑,但是刑法对该犯罪明确规定为一罪处罚的,就不能违背刑法规定,即使依照该刑法规定处罚明显违反罪责刑相适应原则。其二,该观点的论证并不妥当。认为"当犯罪只有一个幅度的法定刑时,对同种数罪应当并罚",可能是因为该犯罪只有一个幅度的法定刑且该法定刑幅度明显过轻,从而得出对同种数罪应当并罚的结论。反之,当犯罪只有一个幅度的法定刑但法定刑幅度并不过轻时,难以得出类似的结论。其三,该观点的论例并不妥当。以暴力分别干涉两个人的婚姻自由的,当两个人属于一个婚姻或恋爱关系的双方,只能被评价为一个暴力干涉婚姻自由行为,也就难以认定属于同种数罪而予以并

①　张明楷:《刑法学》(第五版)(上),法律出版社 2016 年版,第 603 页。

罚。两次盗窃林木的,暂且不论该林木是否属于同一宗,即便两次盗窃不同宗的林木,仅以盗窃对象的不同以及机械的盗窃次数来判断罪的数量,进而判断是否属于同种数罪予以并罚,值得商榷。

第二,一人触犯的数罪应当在判决宣告前实施。判决宣告前一人犯数罪,才可能在判决宣告前进入数罪并罚的处理流程。假如一人犯数罪是在判决宣告后刑罚执行完毕前实施,则不属于本类型的数罪并罚,应当属于《刑法》第71条规定的判决宣告后发现新罪的并罚。

第三,应当在判决宣告前发现一人触犯数罪并且在前一个判决宣告前进行审理。判决宣告前一人犯数罪,假如没有在一个审理过程中被发现,就不可能在判决宣告前予以并罚。假如一人在判决宣告前犯数罪,在判决宣告后刑罚执行完毕前被发现,则属于《刑法》第70条规定的判决宣告后发现漏罪的并罚。假如一人在判决宣告前犯数罪,在刑罚执行完毕后被发现,需要另案处理。

（二）判决宣告以前的数罪并罚的隐性特征

所谓判决宣告以前的数罪并罚的隐性特征,指的是根据刑法立法规定,难以从刑法立法的条款文本中直接分析出来的特征,而是从其适用过程和其他法律规定中间接分析出来的特征。判决宣告以前的数罪并罚的隐性特征主要有:

第一,一人触犯的数罪应当由同一个法院处理。数罪并罚在程序法上体现为同一个刑事诉讼流程,依照我国刑事诉讼法的相关规定,不容许对同一个刑事诉讼流程里涉及的数罪并罚予以重复管辖,只能由同一个法院审理。当发现一人犯数罪被不同法院管辖或受理时,应当按照刑事诉讼法的规定进行管辖移送或并案审理。

第二,一人触犯的数罪都还没有被处理完毕。一人犯数罪应当在同一个法院审理,当该法院审理中发现一人所犯的数罪有部分或者全部已在其他法院作出确定裁判,该法院应当作出撤销案件或者移送管辖或者继续审理的决定。

二、关于"判决宣告以前"的理解与适用

"判决宣告以前"既是本阶段数罪并罚的核心概念,同时也是处理《刑法》第 70 条规定的判决宣告后发现漏罪的并罚,以及《刑法》第 71 条规定的判决宣告后发现新罪的并罚等另两种阶段数罪并罚的核心概念。由于"判决宣告以前"不仅仅属于刑法中的规定,而且还涉及刑事诉讼法中的相关内容,因此对"判决宣告以前"的理解是完全基于刑法规定,还是要兼顾刑事诉讼法规定,在理论上与司法实践中不无争议。

应当将"判决宣告以前"理解为"终审判决宣告以前",主要是基于以下理由的考虑:

第一,将"判决宣告以前"理解为"终审判决宣告以前",符合对刑法规定的文义解释。文义不仅是一切解释的出发点,更应是一切解释的终点。可能的文义是刑法解释的界限,超出可能文义范围的解释是不允许的。[1]从文义解释的角度来看,"判决宣告以前"既可以解释为"终审判决宣告以前",也可以解释为"一审判决宣告以前",甚至也可以解释为"生效判决宣告以前"。将"判决宣告以前"解释为"终审判决宣告以前",除了符合文义解释的优先位阶之外,相对于其他两种解释还具有更多的优势。

第二,将"判决宣告以前"理解为"一审判决宣告以前",将在刑法上造成体系不协调。假如把"判决宣告以前"理解为"一审判决宣告以前",那么在一审判决宣告以后、裁判确定前发现犯罪分子在一审判决宣告前有漏罪或者在一审判决后犯新罪的情况下,则需要在终审判决作出后立即对该漏罪或者新罪进行审判。前罪的刑罚也就难以直接进入执行程序,因而也就并不存在所谓"前罪已经执行的刑罚",将造成《刑法》第 69 条的规定与《刑法》第 70 条、第 71 条之间的体系不协调。目前我国《刑法》第 70 条、第 71 条规定的是"前罪已经执行的刑罚",因

---

[1]　苏彩霞:《刑法解释的立场与方法》,法律出版社 2016 年版,第 178 页。

此可以认为不能将"判决宣告以前"理解为"一审判决宣告以前"。

第三,将"判决宣告以前"理解为"生效判决宣告以前",将造成裁判宣告主义与裁判确定主义的理论与立法模式混乱。如前所述,关于数罪并罚阶段范围的理论和立法模式存在三种类型,其中裁判宣告主义与裁判确定主义是较多理论观点和较多国家立法认可的两种类型。两种理论与立法模式之间的重要区别即是将裁判的"宣告"与"确定"区分开,而多数观点和国家立法将裁判确定界定为裁判生效。因而,将"判决宣告以前"理解为"生效判决宣告以前",将造成裁判宣告主义与裁判确定主义的理论与立法模式混乱。

第四,将"判决宣告以前"理解为"终审判决宣告以前",符合我国刑事诉讼的法律国情特点。根据我国《刑事诉讼法》第 244 条、第 246 条、第 250 条的规定,①我国刑事诉讼属于二审终审制,同时规定有死刑复核程序作为死刑案件特殊的终审程序,将"判决宣告以前"理解为"终审判决宣告以前",符合我国二审终审制与死刑复核程序的法律体系特点。

三、关于对判决宣告以前的数罪先分别定罪量刑的理解与适用

(一)对判决宣告以前的数罪先分别定罪量刑总体上属于加重综合刑主义

在刑法理论上对数罪的并罚规则存在加重综合刑主义与加重单一刑主义的区分,我国立法属于前者模式。加重综合刑主义指的是对数罪分别量刑后,根据数罪的不同量刑确定并罚的下限和上限,综合确定数罪并罚的决定执行刑罚。加重单一刑主义指的是不对数罪分别量刑,只对数罪中的最重罪先予量刑,再将数罪中的最重刑作为并罚量刑的限度基准,然后来确定数罪并罚的最终决定执行刑罚。例如,依照

---

① 即"第二审的判决、裁定和最高人民法院的判决、裁定,都是终审的判决、裁定"。"死刑由最高人民法院核准。""最高人民法院复核死刑案件,应当做出核准或者不核准死刑的裁定。对于不核准死刑的,最高人民法院可以发回重新审判或者予以改判。"

《日本刑法典》第 47 条规定,对被告人甲犯有 A 罪与 B 罪的处理:A 罪为重罪,其法定刑为 2 年至 10 年有期惩役。B 罪为轻罪,其法定刑为 3 年以下有期惩役。则对甲进行并罚的最高刑期为最重之罪规定的最高刑期加上该刑期的二分之一,即 A 罪最高刑期加上该刑期的二分之一,等于 10 年有期惩役加上 10 年有期惩役的二分之一,也就是 15 年有期惩役。但 A 罪与 B 罪受到了最高刑期的总和为 13 年以下有期惩役,则对甲的并罚不得超过 13 年以下有期惩役。因此,对甲的并罚应当在 2 年至 13 年有期惩役的幅度内,结合甲的 A 罪与 B 罪情形,决定一个并罚执行刑罚。

德国在修改刑法时,也曾经发生是采取加重综合刑主义还是采取加重单一刑主义的争论。主张加重单一刑主义者的理由是:犯罪行为源自行为人之人格,而人格是由行为加以表现,整个犯罪事实都是行为人症状的表现,因而相关的判断标准应不在个别行为,而是在行为人不可分割的整体人格,所以有必要采取加重单一刑主义。除此之外,按照加重单一刑主义也不需要再对个别刑在数量和种类上予以具体考量,这样就能够产生刑事程序的高效简化效果。主张加重综合刑主义的理由是:假如仅仅考虑简化诉讼程序及减轻法院工作量的原因而采取这种处理方法,明显缺乏妥当性和合理性。因为一方面它不能免除刑罚裁量上欠缺准确性的忧虑,同时也难以担保法官的定型化科刑,而忽略个别的差异。另一方面,由于未对个别刑予以宣告,而使得不法的程度及罪责轻重的认定容易流于恣意,且也使得对于个别刑的补救和控制产生问题。①

除上述学者指出的缺陷之外,加重单一刑主义还具有如下明显不足:其一,加重单一刑主义的理论基础是人格责任论,现代刑法研究多

---

① ［德］汉斯·海因里希·耶赛克、托马斯·魏根特:《德国刑法教科书(总论)》,徐久生译,中国法制出版社 2001 年版,第 888—890 页。

数认为人格责任论存在重大缺陷。人格责任论认为：犯罪行为是行为人人格的现实化，行为责任是第一次的，人格责任是第二次的，但归根到底应统一考虑。[①]然而，几乎不可能区分有责任的人格形成与无责任的人格形成，现实中难以区分宿命地形成的人格与行为人有责地形成的人格，导致加重单一刑主义存在缺陷。[②]其二，加重单一刑主义忽视了数罪中的轻罪处罚，实质上将数罪并罚的处罚结局变成了重罪一罚。依照加重单一刑主义的主张，对数罪并罚的量刑起点与量刑上限基本上依靠数罪中的重罪所处刑罚，当数罪中的轻罪法定刑期上限超过重罪法定刑期上限的一半时，则轻罪法定刑对数罪并罚的量刑就完全可以不予考虑。如上述被告人甲犯有 A 罪与 B 罪的例子，假如 A 罪为重罪，其法定刑为 2 年至 10 年有期徒役，B 罪为轻罪，则只要 B 罪的法定刑上限超过重罪法定刑期上限的一半时，即 B 罪的法定刑期上限在 5 年有期徒役以上，则完全可以不考虑 B 罪的法定刑期对数罪并罚的影响，实际上就是可以完全不考虑对 B 罪的定罪量刑。在世界各国刑法中，立法普遍规定轻罪的法定刑上限超过重罪的法定刑期上限一半，这就意味着采取加重单一刑主义的数罪并罚将普遍忽视对轻罪的处罚，这明显不利于刑罚作为惩罚犯罪的基本法律后果的公正实现。当然，加重单一刑主义并非一无是处，其在处理不同种有期自由刑的并罚、多个畸轻与畸重刑罚并罚等问题方面仍具有一定的合理性。

（二）对判决宣告以前的数罪先分别定罪量刑的必要性

对判决宣告以前的数罪先分别定罪量刑是加重综合刑主义的内在要求，除此以外，还分别具有理论和实践的两方面必要性，其中理论方面的必要性有以下两点：

第一，对判决宣告以前的数罪先分别定罪量刑有利于发挥刑罚的

---

① 李海东主编：《日本刑事法学者（上）》，中国法律出版社、日本成文堂联合出版 1995 年版，第 231 页。

② 张明楷：《论同种数罪的并罚》，《法学》2011 年第 1 期。

特殊预防功能和一般预防功能。特殊预防功能,是指刑罚对犯罪分子适用可能产生的积极的社会作用,主要表现为:剥夺和限制再犯能力的功能、个别威慑功能、个别教育功能和改造功能。一般预防功能,是指刑罚对犯罪分子以外的其他人所可能产生的积极的社会作用,主要表现为一般威慑功能、安抚补偿功能和一般教育功能。[①]对判决宣告以前的数罪先分别定罪量刑,将每一个具体犯罪与刑罚的关系明确化,使犯罪分子可以清晰地认识到某一个具体犯罪受到何种处罚,这将对犯罪分子发挥积极的剥夺和限制再犯能力的功能、个别威慑功能、个别教育功能和改造功能等刑罚功能。使社会公众可以清晰地了解到某一个具体犯罪应受到何种处罚,这将对社会公众发挥积极的一般威慑功能、安抚补偿功能和一般教育功能等刑罚功能。假如仅仅是最终决定一个加重单一刑,并对犯罪分子和社会公众宣告之,明显难以充分发挥上述刑罚功能。

　　第二,对判决宣告以前的数罪先分别定罪量刑更有利于个别化准确定罪量刑。在理论上虽然可以将加重综合刑主义和加重单一刑主义两种并罚思路都归入广义的限制加重规则之中,但在具体的有期自由刑并罚过程中,两者对于数罪的个别化准确定罪量刑方面仍有着一些差异。根据加重综合刑主义的要求,对判决宣告以前的数罪先分别定罪量刑是对数罪中每个具体犯罪的现实化个别量刑。而根据加重单一刑主义的要求,则是对数罪中每种犯罪的法定刑刑期的比较量刑。如前所述,当数罪中的轻罪法定刑期上限超过重罪法定刑期上限的一半时,则轻罪法定刑在数罪并罚的量刑中就完全可以不予考虑。换言之,此时只需要考虑轻罪的法律规定即可完成数罪并罚,至于轻罪是 B 罪、C 罪或 D 罪都没有任何现实意义。这明显不利于与现实案件相联系的个别化准确定罪量刑,最终不利于现实案件的数罪并罚。

---

① 刘宪权:《刑法学名师讲演录》(总论)(第二版),上海人民出版社 2016 年版,第 314 页。

实践方面的必要性有以下两点：

第一，对判决宣告以前的数罪先分别定罪量刑有利于维护被告人上诉或检察机关抗诉的权利。按照我国刑事诉讼法的规定，被告人在一审判决宣告以后，享有向上一级法院在法定期限内提起上诉的权利，检察机关拥有提起抗诉的权利。假如没有对判决宣告以前的数罪先分别定罪量刑，被告人就无法了解哪一个具体犯罪受到了何种处罚，也就难以认识到法院判决的某个部分是否合理合法，进而也就无法确定提出上诉，检察机关同样难以提起抗诉。案件进入二审程序后，上级法院同样也难以确定一审法院的判决对具体犯罪的定罪量刑有无错误，是否需要纠正。

第二，对判决宣告以前的数罪先分别定罪量刑有利于维护判决的权威性与稳定性。被告人在一审判决宣告以后，享有在法定期限内向上级法院提出上诉的权利，检察机关也可能会提起抗诉，使得案件进入二审程序。二审法院发现一审判决对数罪中的某一犯罪在事实认定和法律适用方面存在错误需要改正时，假如一审判决对数罪分别定罪量刑，二审法院就只需要对存在错误的部分判决予以改判，对不存在错误的其他部分判决则不需要改判。假如不分别定罪量刑，则势必需要对涉及全部数罪并罚的整体判决予以改判或发回重审，这明显将会有损判决的权威性与稳定性，也会增加司法不必要的负担。

第三节　刑罚执行中发现漏罪的数罪并罚

《刑法》第 70 条所处理的问题通常被称为漏罪的并罚，或者是刑罚执行中发现漏罪的数罪并罚。以该条规定为基础，可以对漏罪的特征、该条规定的理解、该条规定的适用予以分析。

一、漏罪的特征

依照我国《刑法》第 70 条的规定，漏罪指的是判决宣告以后刑罚执行完毕以前,发现被判刑的犯罪分子在判决宣告以前还有其他罪没有判决的,从而需要并罚的罪。漏罪的存在通常是基于下列原因:犯罪分子故意掩饰罪行、司法机关查案办案条件所限、司法机关工作人员的人为疏漏等,而这些原因通常难以避免,因而漏罪的出现与处理具有充分的现实意义。

根据我国刑法规定,判决宣告以后发现判决宣告以前实施的漏罪具有下列特征:

(一)漏罪是在判决宣告以前实施的行为,在判决宣告以后被发现并被认定属于应当受到刑罚的犯罪

判决宣告以前指的是终审判决宣告以前,行为人在终审判决宣告以前实施的犯罪指的是行为人在终审判决宣告以前实施被司法机关予以处理并具有惩罚可能的行为。假如行为人在终审判决宣告以前实施的行为被司法机关在判决宣告以后发现并予以处理后,认为不应当单独构成犯罪的,则不应当作为漏罪予以并罚。假如行为人在终审判决宣告以前实施的行为被司法机关在判决宣告以后发现并予以处理后,认为前一判决宣告后刑罚执行完毕前发现未经处理的遗漏行为不能独立成罪,但与前一判决处理的行为合并评价后,遗漏行为成立犯罪并影响前后两个裁判定罪量刑的,应当结合刑法规定和罪刑均衡原理进行分析后予以处理,而不能一概认为应当并罚或者不应当并罚。

(二)应当在刑罚执行中发现漏罪

假如不是在判决宣告后刑罚执行中被发现,而在刑罚执行完毕后发现的犯罪,就不是数罪并罚意义上的漏罪。虽然在语词的一般意义上说,这种情况也是判决宣告前没有发现而进行并罚的犯罪,字面意义上似乎也可以称之为漏罪,但是我国刑法上的漏罪是与普通数罪、应并罚的新罪相对应的法定概念,是一个具有特定内涵和外延的概念。假如所发现的罪不是在刑罚执行中被发现的,而在刑罚执行完毕后发现,

就不能进行数罪并罚。从表述上可以认为该现象是漏发现之罪,但是不能认为是数罪并罚中的漏罪。

　　比较我国刑法中数罪并罚制度的三条规定可见,立法者只在《刑法》第70条与第71条中明确规定了"发现"的内容,在《刑法》第69条中并没有规定"发现",但这不意味着在《刑法》第69条中不需要"发现"这一要素。其主要原因是:《刑法》第69条指向的数罪均在一个裁判中处理,不需要在立法中强调发现的作用。而《刑法》第70条与第71条指向的数罪不在一个裁判中处理,需要在立法中予以强调,提示司法工作者注意"发现"这一要素对判断和认定后续罪行的重要功能。因此,对漏罪的并罚而言,准确理解和适用《刑法》第70条规定中的"发现"具有非常重要的意义,该问题在刑法理论和司法实践中颇有争议。

　　第一,准确认识"发现"的主体。在理论上和司法实践中,对"发现"的主体主要有两种观点。一是最早发现说或任一法定机关发现说,该观点认为履行侦查、公诉、审判刑事诉讼职能的任何一个国家机关发现漏罪的,都属于《刑法》第70条规定的"发现"。二是法院发现说,该观点认为只有履行审判职能的人民法院发现漏罪的,才属于《刑法》第70条规定的"发现"。本书认为第一种观点更为合理,而对于类似于刑罚执行机关如监狱,在其工作过程中发现犯罪分子的漏罪,也可以认定为发现主体的主张,[①]本书认为并不妥当。在判断《刑法》第70条规定的"发现"主体时,不应当将刑罚执行机关如监狱的发现作为处理漏罪并罚的发现主体,主要原因是:《刑事诉讼法》第308条规定"对犯罪分子在监狱内犯罪的案件由监狱进行侦查",表明监狱可以是处理新罪并罚的诉讼主体,同时表明监狱并不是法律规定的处理漏罪的诉讼主体。

---

① 李立峰等:《发现漏罪的时间应以"最早发现"为准》,《检察日报》2019年4月14日第3版。

当监狱发现服刑犯罪分子的漏罪等线索或证据时,应当移送法定管辖机关进行处理。最早发现说或任一法定机关发现说的优势较为明显:有利于对犯罪分子的权利保障,也有利于促进刑事诉讼职能机关积极履行职能。

第二,准确认识"发现"的时间。在肯定了最早发现说或任一法定机关发现说之后,还需要准确认识"发现"的时间。对此,有的观点认为"应以明确犯罪嫌疑人和犯罪事实为发现的时间节点……不能以立案时间作为发现的时间节点"。①对此本书难以认同,本书认为,漏罪并罚时的"发现"漏罪时间应当以发现漏罪的立案时为准。

(1)上述观点误解了我国《刑法》第 70 条的立法取向,将《刑法》第 70 条"新发现的罪"误解为"新发现的犯罪分子"。《刑法》第 70 条明确规定"新发现的罪",从其立法语义上可以直接理解为"新发现的罪行"或"新发现的犯罪",而不能理解为新发现的犯罪分子。从刑事诉讼实践中看,对漏罪的发现也是基于对有关罪行事实和有关证据的发现,而不是明确犯罪嫌疑人。从刑法实践来看,假如以明确犯罪嫌疑人和犯罪事实为发现的时间节点也将无法处理好共同犯罪的漏罪发现与遗漏共同犯罪分子的发现两者之间的关系。例如,对组织、领导犯罪集团的首要分子要按照集团所犯的全部罪行处罚,假如已经查清该集团存在漏罪的相关证据但无法查清具体的犯罪分子,仍然应当对组织、领导犯罪集团的首要分子进行漏罪的并罚,而依照上述观点则不能对其进行并罚。

(2)以发现漏罪的立案时作为"发现"漏罪的时间,有利于对被告人的权益保障,有利于促进司法机关履行刑事诉讼职能。在刑事诉讼过程中,通常发现罪行的时间与发现犯罪嫌疑人的时间并不一致,在大多数情况下发现罪行的时间要早于发现犯罪嫌疑人的时间。因而以发

---

① 金磊:《刑法中发现"漏罪"的司法适用》,《人民检察》2018 年第 2 期。

现漏罪的立案时作为"发现"漏罪的界限,客观延长了可能予以漏罪并罚的时间,总体上将有利于对被告人的权益保障,有利于促进司法机关履行刑事诉讼职能。

(3) 以发现漏罪的立案时作为"发现"漏罪的时间,有助于与《刑事诉讼法》缺席审判、犯罪嫌疑人或被告人逃匿、死亡案件违法所得的没收程序等制度的衔接。2018年我国《刑事诉讼法》作出重大修改,增设了缺席审判、犯罪嫌疑人或被告人逃匿、死亡案件违法所得的没收程序,规定在符合法定条件的情形下可以进行缺席审判,可以裁定没收已死亡的犯罪嫌疑人、被告人的违法所得和其他涉案财产。在缺席审判或者犯罪嫌疑人、被告人已死亡的情况下,已不可能对其进行明确或者"发现",依照上述观点也就难以进行漏罪并罚,明显不符合《刑事诉讼法》的相关新增制度精神。

第三,准确认识"发现"的功能。根据上述分析,刑罚执行中发现了判决宣告以前实施的罪行,并且也完成了形式上的立案,在前一判决宣告的刑罚执行完毕之后才真正进入刑事诉讼程序的,也应当对此进行数罪并罚。但在司法实践中还会遇到:前一判决宣告以前发现了未经处理的漏罪,在前一判决中决定的刑罚执行完毕才予以追究,是否需要进行并罚,司法机关对此存在较大分歧,导致类似案件的处理出现彼此矛盾甚至截然相反的结果。例如,广东某中院在审理臧某盗窃案中认为"对前罪判决宣告以前发现的漏罪不实行数罪并罚",①而北京某法院在审理与上述案件案情相似的冯某非法获取公民个人信息案中却认为"对判决宣告前已发现但未并案处理的漏罪应并罚"。②如下表所示对照分析。

---

① 江瑾:《对前罪判决宣告以前发现的漏罪不实行数罪并罚》,《人民法院报》2019年5月16日。
② 宋素娟:《对判决宣告前已发现但未并案处理的漏罪应并罚》,《人民司法·案例》2018年第35期。

表 3-1

比较内容	臧某盗窃案	冯某非法获取公民个人信息案
基本案情	2016 年底至 2017 年初，被告人臧某在某县先后入户盗窃作案共 5 起，盗取赃款物价值巨大。2017 年 9 月，臧某因犯诈骗罪被某区人民法院判处 2 年有期徒刑，后在某监狱服刑。2018 年 4 月，某县公安局经侦查获悉臧某在监狱服刑的去向。同年 7 月某日，臧某刑满释放。同日，某县公安局以涉嫌诈骗罪对臧某刑事拘留。	2015 年 5 月至 9 月期间，被告人冯某与他人合谋，多次侵入某地国家公务数据库，非法获取个人信息上万条。某区公安分局于 2016 年 6 月开展立案侦查，在此期间某区公安分局又以冯某涉嫌其他犯罪将其拘留。2016 年 7 月某区人民法院将冯某判刑，后于 2016 年 10 月某日刑满释放，又于同日因该案被逮捕。
裁判焦点	对被告人臧某的漏罪能否实行数罪并罚？	对被告人冯某非法获取公民个人信息犯罪行为裁判时，应否与其前罪判处的刑罚予以并罚？
争议观点	对该案处理存在应当并罚与不应当并罚两种意见。	对该案处理也存在应当并罚与不应当并罚两种意见。
裁判结论	法院采纳了第二种意见，即对臧某的漏罪应单独进行处罚，不实行数罪并罚。	法院采纳了第一种意见，即对冯某的漏罪实行数罪并罚。

由上述案例对比可见，《刑法》第 70 条的规定是针对判决宣告以后、刑罚执行完毕以前，发现被判刑的犯罪分子在判决宣告以前还有其他罪没有判决的应当予以漏罪的并罚，但并没有针对（判决宣告以后）刑罚执行完毕以后、发现被判刑的犯罪分子在判决宣告以前还有其他罪没有判决的，作出是否进行数罪并罚的明确规定，导致司法机关对此种情况是否适用数罪并罚的处理分歧较大。对此，应当结合上述对"发现"的主体与时间的分析，从实质、过程、保障三个维度准确认识"发现"的功能才能予以妥当解决。

（1）从实质维度理解"发现"的功能，更符合《刑法》第 70 条的立法思路。《刑法》第 70 条的立法思路是将应受裁判的漏罪并罚与《刑法》第 69 条规定的一般数罪并罚和《刑法》第 71 条规定的新罪并罚区分开。同时又通过在《刑法》第 70 条的规定中援引第 69 条的并罚规则来实现数罪并罚制度的一体化。依照数罪并罚一体化的思路，只要是同一个行为人实施的数个罪，依法或者依照罪责刑相适应原则应当予以并罚的，不论该数个罪是同时被发现并被归入同一个裁判处理，还是部分罪在一个裁判中被处理、部分罪在以后的另一个裁判中被处理，最终的法律结局应当一致，即使考虑到部分罪已经被判决并执行了部分刑期刑罚，也不应当影响全部罪的并罚结果。假如《刑法》第 70 条采取彻底贯彻这一思路的立法模式，应当在刑法中明确规定：在刑罚执行完毕以前发现的漏罪都应当数罪并罚，不需要增加判决宣告以后作为数罪并罚的时间起点限制，然而《刑法》第 70 条的具体规定却没有彻底贯彻这一思路，而是采用以判决宣告时间作为漏罪发现起点时间，以及适用"先并后减"办法的具体规定，这就在形式上压缩了漏罪数罪并罚的可能空间，造成本来可以进行数罪并罚的漏罪不能进行数罪并罚，也造成了司法适用中对"发现"的误解。因而，需要从实质维度对"发现"予以理解，避免从形式维度误解漏罪并罚，而造成数罪并罚一体化的断裂。

（2）从过程维度理解"发现"的功能，更符合《刑法》第 70 条的适用逻辑。刑事诉讼对犯罪的处理需要经过若干前后相继的阶段，因而不能将"发现"视为一个静止的点，应当将其视为一个处理犯罪的动态过程。根据《刑法》第 70 条的规定，对"判决宣告以后，刑罚执行完毕以前"的强调，属于提示规定，而不是排除规定。《刑法》第 70 条的规定并没有排除"（判决宣告以后）刑罚执行完毕以后，发现被判刑的犯罪分子在判决宣告以前还有其他罪没有判决的"，不按照漏罪并罚。从过程逻辑上看，在判决宣告以前发现犯罪分子还有其他罪没有判决的，基本上可以被认为属于在判决宣告以后发现犯罪分子还有其他罪没有判决的,因为"在判决宣告以前"这一过程必然出现在"在判决宣告以后"之前。在判决宣告以前发现犯罪分子还有其他罪没有判决的,同时没有在同一个判决中被处理完毕,则该状态必然往后延续,直至判决宣告以前犯罪分子还有其他罪没有判决的情况被再次"发现"。被再次"发现"时,前一个判决对犯罪分子决定的刑罚可能已经执行完毕也可能没有被执行完毕。因而,从处理数罪的过程维度来看,《刑法》第70条明确规定的漏罪并罚情形,与(判决宣告以后)刑罚执行完毕以后、发现被判刑的犯罪分子在判决宣告以前还有其他罪没有判决的,在构成漏罪的"发现"条件方面并没有本质区别。

(3) 从保障维度理解"发现"的功能,更符合《刑法》第70条的适用价值。一是对于上述情形不予数罪并罚的观点,可以运用反证法对其进行分析。假设其不予数罪并罚的观点成立,并且运用该观点的结果更有利于保障被告人的权益,更有利于实现罪刑均衡,则可以认为其观点成立,反之则不成立。假设其不予数罪并罚的观点成立,则不予数罪并罚的结果应当轻于数罪并罚的结果,并符合罪刑均衡,但实际结果并非如此。例如,甲于2012年3月因故意伤害罪被判处4年有期徒刑,2015年7月刑满释放,2017年2月发现其在2011年还有一起故意伤害行为,应当被判处5年有期徒刑。假如认为甲在2011年的故意伤害行为不属于漏罪、不予数罪并罚,则甲还需要再实际执行5年有期徒刑。但假如认为甲在2011年的故意伤害行为属于漏罪、可予数罪并罚,则甲还需要再实际执行的刑期将明显少于5年有期徒刑,明显后者对其更为有利。二是从司法实际工作中来看,对(判决宣告以后)刑罚执行完毕以后、发现被判刑的犯罪分子在判决宣告以前还有其他罪没有判决的现象予以分析,可以发现上述现象基本上是由于司法机关工作的客观因素造成。假如对由于司法机关工作的客观因素造成的情形不按照漏罪处理,不予数罪并罚,而由被告人来承担这一不利后果,这明显是不公正的。

综上,对(判决宣告以后)刑罚执行完毕以后、发现被判刑的犯罪分子在判决宣告以前还有其他罪没有判决的也应当参照适用《刑法》第70条的规定,对其按照漏罪处理并予以数罪并罚。先将犯罪分子在判决宣告以前没有判决的其他罪予以定罪量刑,再将漏罪判处的刑罚与前一判决中决定执行的刑罚并罚,最后再将已经执行完毕的刑期从并罚后决定执行的刑期中扣除,剩余刑期为犯罪分子应当继续被执行的刑期。

二、对《刑法》第 70 条有关漏罪并罚规定的理解

《刑法》第 70 条规定对漏罪并罚的基本规则,通常被称为"先并后减",主要分为以下三个部分:

(一)关于"对新发现的罪做出判决"的理解

"对新发现的罪做出判决"可以理解为先对发现的漏罪予以定罪量刑。在发现漏罪的情况下进行数罪并罚,对于之前已经判决的前罪没有必要也不应该重新定罪量刑,对漏罪单独定罪量刑的必要性与一般的数罪并罚时应该先对每个罪分别定罪量刑相当,其必要性在实质上完全相同。需要注意的是:不论漏罪与已经判决的犯罪性质是否相同,即不论是否属于同种数罪,都应单独量刑、做出判决。这与判决宣告前发现一人犯同种数罪不予并罚,只按一罪从重处罚有明显的不同。对此,1993 年最高人民法院《关于判决宣告后又发现被判刑的犯罪分子的同种漏罪是否实行数罪并罚问题的批复》等相关司法解释也予以肯定,该司法解释虽然颁布于刑法修订之前,但由于数罪并罚的有关规定并没有被刑法修订改变,至今仍然有效。

(二)关于"把前后两个判决所判处的刑罚,依照本法第六十九条的规定,决定执行的刑罚"的理解

当前后两个判决所判处的刑罚均是对单个罪的宣告刑(当然也就是执行刑)时,对该条规定的理解不会出现争议。但是,当前后两个判决所判处的刑罚不是针对单个罪的宣告刑,而是对数个罪的宣告刑以

及执行刑时,对上述规定的理解就出现了较多分歧。对此,可以区分为以下几种观点:

彻底的宣告刑说。该观点认为:在漏罪并罚时,对前后两个判决所判处的刑罚都应当理解为是各罪单独确定的刑罚,即宣告刑。例如,有的观点认为:"假若已经判决的是两个以上的罪,仍应按各罪单独确定的刑罚计算总和刑。因为发现漏罪的并罚与判决宣告以前一人犯数罪的并罚,应当是一样的。不能因为被告人没有主动交待漏罪,就受到更重的处罚,也不能因此而受到较轻的处罚……可是,《刑法》第 70 条的并罚结局应当与第 69 条的并罚结局完全相同(因为被告人都是在判决宣告以前犯罪),故不能采取后一种并罚方法。"①

执行刑与宣告刑结合说。该观点认为:对前罪判决决定的刑罚应当以执行刑为准、对漏罪判决决定的刑罚应当以宣告刑为准,再按照《刑法》第 69 条的规定予以并罚。例如,有的观点认为:"与漏罪的并罚应以前判决决定的执行刑为准……对新发现的漏罪,无论漏罪为一罪还是数罪,应以宣告刑为并罚的基准。"②

彻底的执行刑说。该观点认为:对《刑法》第 70 条规定的前后两个判决所判处的刑罚都应当理解为是执行刑。例如,有的观点认为:"这里前罪判决的刑罚,在犯有数罪的情况下,是指数罪判处的刑罚。因此,应当把前罪(包括数罪)的判决视为一个已经发生法律效力的判决,在数罪并罚的时候,并不是撤销原判决,而是将原判决与后判决依照并罚原则进行合并处罚。"③

本书认为,第二种看法更为妥当,即对《刑法》第 70 条规定的"前后两个判决所判处的刑罚"的理解应当采取执行刑与宣告刑结合说。其

---

① 张明楷:《刑法学》(第五版)(上),法律出版社 2016 年版,第 607 页。
② 闵辉:《数罪并罚制度研究》,华东政法大学 2008 年博士学位论文,第 104 页。
③ 陈兴良:《刑法适用总论》(下卷)(第三版),中国人民大学出版社 2017 年版,第 512 页。

理由如下：

第一，彻底的宣告刑说并不妥当。（1）彻底的宣告刑说难以妥当对接刑法规定，难以对刑法规定作出合理的体系化解释。《刑法》在第 69 条中规定"酌情决定执行的刑期"，明确表明判决最终确定的是执行刑。《刑法》在第 70 条中规定"判决宣告以后，刑罚执行完毕以前"，表明判决最终确定的是执行刑。《刑法》在第 71 条中规定"判决宣告以后，刑罚执行完毕以前""把前罪没有执行的刑罚和后罪所判处的刑罚"，也表明判决最终确定的是执行刑。假如将《刑法》第 70 条规定的"前后两个判决所判处的刑罚"都理解为宣告刑，既不能对《刑法》第 70 条的规定作出合理的解释，也无法对《刑法》第 69 条、第 70 条、第 71 条作出统一的合理的体系化解释。（2）彻底的宣告刑说将造成总和刑期单向升高，不利于保障被告人权益。依照彻底的宣告刑说，将前后两个判决所判处的刑罚都理解为宣告刑，则在对前后两个判决进行并罚时，必然导致前后罪所判处的宣告刑总和刑期过高，将导致被告人承受了原本可不需要承受的更重刑罚后果。例如，张某犯甲罪被判处 11 年有期徒刑、犯乙罪被判处 10 年有期徒刑，决定执行 15 年有期徒刑。执行 2 年后，发现张某在被判处甲罪、乙罪前还犯有丙罪、丁罪，分别应当判处 9 年有期徒刑和 8 年有期徒刑。按照彻底的宣告刑说，对数罪的宣告刑先予以合并处罚，则需要在数罪中的最高刑 11 年有期徒刑以上、数罪宣告刑总和刑期 38 年有期徒刑以下决定执行的刑罚，根据《刑法》第 69 条的规定，应当在 11 年有期徒刑以上 25 年有期徒刑以下决定执行的刑罚，造成总和刑期上限单向升高，并且同时没有相应的调节办法。而假如按照执行刑与宣告刑结合说，则数罪的总和刑期为 32 年有期徒刑，没有超过 35 年有期徒刑，则决定执行的刑期上限不超过 20 年有期徒刑，明显比彻底的宣告刑说大为降低，因而更加有利于保障被告人的权益。

第二，彻底的执行刑说并不妥当。（1）彻底的执行刑说将造成对漏罪的两次并罚，违反了一个裁判中只能有一个并罚的基本原理。将前一判决中决定的刑罚认定为执行刑,符合刑法原理与刑法规定。但假如在前一判决中决定的刑罚执行期间发现漏罪且漏罪属于数罪情形时,认为对漏罪的刑罚应当采取执行刑,则属于先对漏罪进行了一次并罚。其后再将对漏罪的执行刑与前一判决中决定的执行刑再次并罚,最终确定全部数罪并罚的执行刑,也就造成了对前一判决中决定的刑罚执行期间发现漏罪的两次并罚,这就违反了一个裁判中只能有一个并罚的基本原理,不利于对漏罪的正当处罚。(2)彻底的执行刑说将造成漏罪中的最高刑单向升高,不利于保障被告人权益。根据我国刑法规定,对数罪并罚后的执行刑是在单个宣告刑最高刑以上、总和刑期以下决定的刑罚,因而执行刑的刑期必定高于任何一个宣告刑。在漏罪属于数罪的情形下,先对漏罪予以并罚后决定的执行刑必定高于任何一个漏罪的宣告刑,甚至有可能高于前一判决中决定的执行刑。这就在客观上造成漏罪中的最高刑单向升高,甚至有可能造成全部数罪并罚中的最高刑单向升高,提高了数罪并罚中单个刑罚最高刑的起点,不利于保障被告人权益。

第三,应当采取执行刑与宣告刑结合说。执行刑与宣告刑结合说总体上克服了上述两种学说的不利之处,既有利于有效对接刑法规定、保障数罪并罚制度的协调一致,也有利于实现罪刑均衡、有效保障被告人权益。(1)采取执行刑与宣告刑结合说有利于有效对接刑法规定。在前一判决仅涉及一罪的刑罚执行期间发现的漏罪并罚中,前一判决对一罪的宣告刑也就是对一罪的执行刑,两者之间并无差异,对漏罪并罚也没有实质影响。但在前一判决涉及数罪的刑罚执行期间发现的漏罪并罚中,前一判决对数罪的宣告刑与对数罪决定的执行刑,两者之间却存在重大差异,对漏罪并罚也具有实质影响。《刑法》在第69条、第70条中的多处明确规定前一判决中的刑罚为执行刑,例如:第6条中规定"酌情决定执行的刑期",第70条中规定"判决宣告以后,刑罚执行完毕以前"。难以将刑法明确规定的执行刑解释为宣告刑,不符合刑法解释的基本规则。(2)采取执行刑与宣告刑结合说有利于保障数罪并罚制度的协调一致。我国刑法对数罪并罚的规定具有体系性,理解和适用数罪并罚的规定需要考虑数罪并罚制度的协调一致。对《刑法》第70条的理解与适用需要考虑与《刑法》第69条、第70条的协调一致,必要时还需要考虑与《刑法》第50条、第51条的协调一致。假如将《刑法》第70条规定中的前一个判决的刑罚理解为宣告刑,则对刑法其他相关规定也应当理解为宣告刑,例如对《刑法》在第71条中规定的"后罪所判处的刑罚"也应当理解为宣告刑,这样的解读明显不妥当。(3)采取执行刑与宣告刑结合说有利于实现罪刑均衡、有利于保障被告人权益。彻底的宣告刑说将造成总和刑期单向升高,不利于保障被告人权益。彻底的执行刑说将造成漏罪中的最高刑单向升高,同样不利于保障被告人权益。只有寻找到对总和刑期升高和漏罪中的最高刑升高同时具有均衡效果的适用办法,才能有利于保障被告人权益。对此可以考虑两种适用办法:或者将前一判决中的刑罚依照宣告刑处理,同时将漏罪判决中的刑罚依照执行刑处理。或者将前一判决中的刑罚依照执行刑处理,同时将漏罪判决中的刑罚依照宣告刑处理。但依照前一办法,将遇到彻底的宣告刑说类似的困境,因而需要采取后者办法。对前罪判决决定的刑罚以执行刑为准,将可能造成漏罪并罚的最高刑单向升高,同时对漏罪判决决定的刑罚以宣告刑为准,将可能造成漏罪并罚的总和刑期下降。通过上述一升一降的处理办法,将有利于实现漏罪并罚的罪刑均衡,有利于保障被告人权益。

三、对《刑法》第70条有关漏罪并罚规定的适用

司法实践中漏罪并罚的复杂情形主要有下列三种,对其具体处理存在不同观点。但对该三种情形,都可以依照执行刑与宣告刑结合说做出妥当的适用。

（一）原判决宣告为一罪、刑罚执行中发现漏罪为数罪的并罚

对上述情况的处理,存在两种观点。观点一认为:应当在对数个漏

罪分别定罪量刑的基础上,先对漏判的数罪合并处罚,然后再将所决定执行的刑罚即执行刑与原判之罪的刑罚进行合并处罚,并决定执行的刑罚。观点二认为:应当首先对数个漏罪分别定罪量刑,再将判决宣告的数个刑罚,即宣告刑与原判之罪的刑罚进行合并处罚,并决定执行的刑罚。①

依照执行刑与宣告刑结合说,本书赞成后者主张,但对于后者所持的某些理由则需要商榷。例如,"对于在刑罚执行完毕前发现的数个漏罪,只有采用宣告刑说的方法进行并罚,才能使合并处罚的结果符合罪刑相适应的要求,不致造成罚不当罪、重罪轻判的结果"。②本书认为,上述看法并不全面。漏罪事实所反映的社会危害性及其行为人的人身危害性,并不比判决宣告以前发现的同等数罪更为严重,漏判之数罪所反映的犯罪社会危害性及其行为人的人身危险性也并不比其他数罪更为严重。从根本上看,漏罪的出现是由于刑事司法效率不理想或者刑事司法资源投入不足而造成。即使某些漏罪的出现与犯罪分子刻意掩盖罪行、有意实施反侦查伎俩等密切相关,但"魔高一尺、道高一丈",刑事司法理当投入足够资源,提高工作效率用以充分识别反侦查伎俩、充分发掘罪行,并不能依此认为漏罪事实所反映的社会危害性及其行为人的人身危害性比判决宣告以前发现的同等数罪相对严重。

(二)原判决宣告为数罪、刑罚执行中发现漏罪为一罪的并罚

对上述情况的处理,存在两种观点。观点一认为:应当将对漏罪所判处的刑罚与原判决决定执行的刑罚即执行刑,依照相应原则决定执行的刑罚。③观点二认为:应当将对漏罪所判处的刑罚与原判决所认定的数罪的刑罚即数个宣告刑,依照相应原则决定执行的刑罚。④

---

① 赵秉志主编:《刑法争议问题研究》(上卷),河南人民出版社 1996 年版,第 785 页。
② 赵秉志主编:《刑罚总论问题探索》,法律出版社 2003 年版,第 494—495 页。
③ 杨春洗等主编:《中国刑法论》,北京大学出版社 1994 年版,第 244 页。
④ 吴平:《数罪并罚论》,中国政法大学出版社 2011 年版,第 256 页。

本书赞成前者观点,后者观点需要商榷。除前述主张执行刑与宣告刑结合说的支持理由不再赘述外,对上述后者两点理由予以分析。首先,后者观点错误地将原判决宣告的数罪与刑罚执行中发现漏罪时的数罪混为一谈。将刑罚执行中发现的漏罪与原判决宣告的数罪予以并罚,并不是对有漏罪事实者实施的数罪两次适用限制加重原则进行并罚,也并不必然导致犯罪分子所犯数罪得到比一次适用限制加重原则更轻或者更重的法律评价结果。前者观点主张将对漏罪所判处的刑罚与原判决决定的执行刑予以并罚,恰恰是避免了对包括漏罪在内的全部数罪两次评价或者两次适用限制加重原则进行并罚的不合理情形。从法理上来看,只有宣告刑才是对犯罪应受刑罚的真正评价,执行刑并不是对犯罪应受刑罚的真正评价,执行刑只是依照刑法规定对犯罪予以并罚等处理后的间接评价。其次,对漏罪的并罚判决是新的判决,与漏罪之前的原判决属于两个判决。对此,《刑法》第70条的最后一句也作了明确规定,即"已经执行的刑期,应当计算在新判决决定的刑期以内"。由刑法规定可见,与新判决对应的"旧"判决只能是发现漏罪之前的判决,两者是同时存在、互为依存的:没有发现漏罪之前的旧判决,新判决就缺乏对漏罪并罚的适用前提。没有新判决,发现漏罪之前的旧判决就没有适用数罪并罚的现实价值。

(三)原判决宣告为数罪、刑罚执行中发现漏罪也为数罪的并罚

对上述情况的处理,存在三种观点。观点一认为:应当先对数个漏罪实行并罚,然后将所决定执行的刑罚与原判决决定执行的刑罚,依照相应原则决定执行的刑罚。[①]观点二认为:应当将对数个漏罪所判处的刑罚与原判决所认定的数罪的刑罚即数个宣告刑,依照相应原则决定执行的刑罚。有的学者进而认为:"根据宣告刑说得出的结果,与犯罪

---

① 喻伟主编:《量刑通论》,武汉大学出版社1993年版,第167页。

分子在判决前同时犯数罪的并罚结果完全一样,这正是法律所要求的。"①观点三认为:应当将对数个漏罪所判处的刑罚与原判决决定执行的刑罚,依照相应原则决定执行的刑罚。②

依照执行刑与宣告刑结合说,本书赞成第三种观点,对上述观点一、二难以赞同,观点二实质上属于彻底的宣告刑说。除了前述有关支持执行刑与宣告刑结合说的分析不再赘述外,就观点二的理由予以分析。首先,依照彻底的宣告刑说得出的结果,与被告人在判决前同时犯数罪的并罚结果并不完全一样。表面上看,被告人在判决前同时犯数罪的并罚结果与被告人在判决后被发现漏罪的并罚结果一样。但实际上存在较大差异,尤其是被告人在判决前被处罚的罪行与漏罪属于同种犯罪的,假如是在判决前同时被发现处理,则可能不按照数罪予以并罚。假如在判决宣告后刑罚执行完毕前发现的漏罪与前一判决处罚的罪行属于同种罪行的,仍需要按照数罪予以并罚。明显这两种情况之间存在较大差异。其次,依照观点二的看法,难以认为判决的严肃性不会受到影响。依照上述观点二的处理办法,需要将原判决决定执行的刑罚还原为数罪的宣告刑,这一还原过程将呈现出如下两种情况:其一,假如在新判决中直接引用原判决对数罪的宣告刑,把原判决中的数个宣告刑与新判决中的数个宣告刑予以并罚,这将损害原判决中决定执行刑罚的裁判严肃性。其二,假如在新判决中不直接引用原判决中对数罪的宣告刑,而是在新判决中重新对原判决涉及的数罪再次进行处罚,再将该数个宣告刑与漏罪所受的刑罚予以并罚,这将更加损害原判决的裁判严肃性。因而,观点二认为判决的严肃性不会受到影响的看法是不妥当的。

① 吴平:《数罪并罚论》,中国政法大学出版社2011年版,第263页。
② 闵辉:《数罪并罚制度研究》,华东政法大学2008年博士学位论文,第104页。

第四节　判决宣告以后发现新罪的数罪并罚

《刑法》第 71 条所处理的问题通常被称为新罪的并罚,或者是判决宣告以后发现新罪的数罪并罚。以该条规定为基础,可以对新罪的特征、该条规定的理解与适用、"先减后并"的并罚方法以及判决宣告以后发现既有新罪又有漏罪的数罪并罚等问题予以分析。

一、新罪的特征

新罪具有特定时间阶段的行为特征,即应当是在刑罚执行中的特定时间阶段内实施的行为。与《刑法》第 70 条规定相比较,两条都规定了"判决宣告后,刑罚执行完毕以前"的内容,但两者的意义完全不同。《刑法》第 70 条规定的"判决宣告后,刑罚执行完毕以前"是对"发现"漏罪时间的限制,而不是对漏罪行为实施时间的限制。《刑法》第 71 条规定的"判决宣告后,刑罚执行完毕以前"是对新罪行为实施时间的限制,而不是对"发现"新罪的限制。就《刑法》第 71 条规定而言,可并罚的新罪的重要特征在于新罪的行为实施时间符合《刑法》第 71 条规定的时间阶段,至于新罪被发现的时间是否在《刑法》第 71 条规定的时间阶段以内,则并不影响其可并罚的新罪性质。

新罪具有发现任意性特征,不需要具备在《刑法》第 71 条规定的时间阶段以内被发现的特征。本书认为,《刑法》第 71 条的规定,并不能被理解为"判决宣告后,刑罚执行完毕以前,'发现'被判刑的犯罪分子又犯罪的",不能按照《刑法》第 71 条规定予以并罚。这也不是立法者的疏漏,相反应当认为这是立法者的有意为之。立法者没有在《刑法》第 71 条中写入"发现"一词,明显是为了强调"发现"并不是成立可并罚新罪的条件。换言之,立法者认为犯罪分子在刑罚执行中实施的行为,充分表明了犯罪分子对抗改造、无视法律的严重人身危险性和社会危害性,其本身已具有足够的可罚性,应当予以并罚。至于新罪在何时被发现,并不能改变新罪固有的可并罚属性,这与《刑法》第 70 条规定的漏罪并罚明显有着重大差异。被判刑的犯罪分子在刑罚执行中又犯罪的,没有被及时发现,而是在刑罚执行完毕后被发现的,也应当适用《刑法》第 71 条的规定,予以数罪并罚。

二、对《刑法》第 71 条有关新罪并罚规定的理解

2017 年 11 月,全国人大常委会法工委在《关于对被告人在罚金刑执行完毕前又犯新罪的罚金应否与未执行完毕的罚金适用数罪并罚问题的答复意见》中指出:"刑法第 71 条中的'刑罚执行完毕以前'应是指主刑执行完毕以前……被告人前罪主刑已执行完毕,罚金尚未执行完毕的,应当由人民法院继续执行尚未执行完毕的罚金,不必与新罪判处的罚金数罪并罚。"本书认为,该意见关于对罚金刑的并罚处理办法是妥当的,但该意见中关于"刑罚执行完毕"的界定并不妥当,反而容易造成误导。应当认为"刑罚执行完毕以前"指的是主刑执行完毕以前,或剥夺政治权利执行完毕以前。

(一)"刑罚执行完毕以前"指的是主刑或剥夺政治权利执行完毕以前

刑法理论上对"刑罚执行完毕以前"的理解主要有两种观点,主刑说、主刑和附加刑说。第一,主刑说。该观点认为,"刑罚执行完毕以前"指的是主刑刑罚执行完毕以前,假如在附加刑执行期间发生新罪的,不应当作为数罪并罚处理。认为数罪并罚中"刑罚执行完毕"中的"刑罚"应限于主刑。①第二,主刑和附加刑说。该观点认为,"刑罚执行完毕以前"指的是主刑和附加刑都执行完毕以前,只要犯罪分子在主刑或附加刑执行期间触犯新罪的,都应当作为数罪并罚处理。"《刑法》第 71 条'前罪没有执行的刑罚'中的'刑罚'应包括财产刑。只要行为人所犯的后罪是在前罪被判处的刑罚,包括主刑和附加刑执行完毕之前

---

① 王恩海:《在剥夺政治权利期间又犯新罪的处理》,《东方法学》2015 年第 5 期。

的,在对后罪做出判决时,均应适用数罪并罚制度。"①由上述内容可见,理论上将"刑罚执行完毕以前"理解为包括主刑,没有太多争议。争议焦点在于:附加刑执行完毕以前犯新罪的,是否适用《刑法》第71条的规定而予以数罪并罚。本书认为,上述观点的分析都不全面,对"刑罚执行完毕以前"应当理解为主刑或剥夺政治权利执行完毕以前,不包括财产刑附加刑执行完毕以前。有关后者的理由已在前述分析,现对前者的理由补充分析如下:

第一,将剥夺政治权利执行完毕以前犯新罪的予以数罪并罚,符合我国刑法的有关规定。(1)符合我国刑法对附加刑法律地位的有关规定。《刑法》第34条第2款规定:"附加刑也可以独立适用。"《刑法》第56条第2款规定:"独立适用剥夺政治权利的,依照本法分则的规定。"均明确认可附加刑具有独立的刑法地位,既可以与主刑一并适用,也可以脱离主刑独立适用。前一判决对被告人决定执行独立的剥夺政治权利而没有适用主刑时,在独立的剥夺政治权利执行期间,被判刑的犯罪分子又犯罪的。假如认为这不属于刑罚执行期间的新罪而不予数罪并罚,对新犯罪予以单独处理,就会造成如下困境。假如对新犯罪的判决没有同时适用附加刑的,则难以协调前一判决中尚未执行完毕的剥夺政治权利与新判决中的主刑的关系。例如,张某在2012年1月因抢劫罪被判处4年有期徒刑、附加剥夺政治权利2年,2016年1月刑满释放,后张某在2016年7月又犯故意伤害罪,应被判处6个月拘役。假如认为对新犯的故意伤害罪不能适用《刑法》第71条的并罚规定,那就只能单独适用拘役,并且也在同时执行前一判决尚未执行完毕的1年6个月剥夺政治权利附加刑。根据《刑法》第58条第1款的规定,附加剥夺政治权利的刑期不能与主刑刑期同时计算,因此上述情形的出现明显违背了刑法规定。对此,只有适用《刑法》第71条的规定,将剥夺

---

① 孟庆华:《数罪并罚适用与比较》,中国人民公安大学出版社2012年版,第216页。

政治权利附加刑执行期间的新罪予以数罪并罚,才能从根本上化解这一困境。(2)符合我国刑法对附加刑并罚的有关规定。根据《刑法》第69条第3款规定,数罪中有判处附加刑的,即使附加刑尚未执行完毕时,被新犯罪的事实所干涉,附加刑仍须执行。曾有观点认为:"(对犯罪分子所犯数罪分别判处罚金的实行并罚,将所判处的罚金数额相加,执行总和数额)有悖数罪并罚的基本原则。"①但《刑法》第69条第3款中的规定,②明显对上述看法予以否定。

第二,将剥夺政治权利执行完毕以前犯新罪的予以数罪并罚,符合对《刑法》第71条的语义解释。在《刑法》第71条的规定中,有5处涉及刑或者刑罚的内容,都使用"刑"或者"刑罚"的用词,而没有使用"主刑"或者"附加刑"的用词。结合《刑法》第32条规定"刑罚分为主刑和附加刑"的内容,将《刑法》第71条中"判决宣告以后,刑罚执行完毕以前"的"刑罚"理解为包含剥夺政治权利在内的全部刑罚,符合刑法的语义解释。反之,将《刑法》第71条中"判决宣告后,刑罚执行完毕以前"的"刑罚"仅仅理解为主刑,则难以在语义方面自圆其说。

(二)剥夺政治权利执行完毕以前又犯新罪的处理

根据《刑法》第58条第1款的规定,前一判决决定执行的刑罚为主刑,同时并处剥夺政治权利,前一判决决定的主刑执行完毕,但剥夺政治权利附加刑尚未执行完毕的时候,犯罪分子又犯新罪的处理,可以分为以下两种情形:

第一,新罪判决决定中有判处主刑,但没有被同时附加剥夺政治权利的,依照《刑法》第71条的规定予以并罚。在新的判决中决定执行新罪的主刑,以及前一判决中尚未执行完毕的剥夺政治权利剩余刑期。但是,刑法并没有明确规定前罪判决决定中未执行完毕的剩余刑期应

---

① 郭小锋、郭富选:《罚金刑尚未执行完毕又犯新罪不应数罪并罚》,《检察日报》2009年10月19日第3版。

② 即"附加刑种类相同的,合并执行,种类不同的,分别执行"。

如何确定。为此,最高人民法院在《剥夺政治权利批复》作出原则规定,①但《剥夺政治权利批复》的具体适用仍然存在较多问题。其一,根据《刑法》第71条规定,新罪判决决定执行有期徒刑的依据是前罪、新罪数罪并罚后执行刑的最终判决。因此,前罪判决决定执行余刑依靠于新罪判决决定主刑的执行,而新罪判决决定执行却有待前罪判决决定执行余刑,从而形成了难以解决的逻辑闭环。其二,作出判决的时间与判决执行的时间之间存在一定的时间差,在前罪与新罪进行数罪并罚时可能还有一段刑期尚未执行完毕,但是到了新罪有期徒刑执行时,却可能已经执行完毕。这就导致已经作出的判决可能会陷入难以执行或难以全部执行的困境。因而将新罪被羁押之日作为前罪附加刑剥夺政治权利停止计算的节点,将更为妥当。

第二,新罪判决决定中有判处主刑,同时判处剥夺政治权利附加刑的,依照《刑法》第71条的规定予以并罚,在新的判决中决定执行新罪的主刑。依照《刑法》第55条、第57条和第69条第3款的规定,将新罪判决决定执行的剥夺政治权利与前一判决中尚未执行完毕的剥夺政治权利予以合并,决定需要继续执行的剥夺政治权利刑期。假如所犯新罪判决决定有判处死刑、无期徒刑的,应当附加剥夺政治权利终身,与前一判决中尚未执行完毕的剥夺政治权利予以合并,决定执行剥夺政治权利终身。

三、对《刑法》第71条有关新罪并罚规定的基本适用

1.“先减后并”的功能特点

(1)“先减后并”的适用一般重于“先并后减”的适用,体现了新罪并罚重于漏罪并罚的刑事立法导向。一般而言,适用《刑法》第71条“先减后并”的并罚办法,犯罪分子实际执行刑期通常情况下将重于适

---

① 即前罪尚未执行完毕的附加刑剥夺政治权利的刑期从新罪主刑有期徒刑执行之日起停止计算,从新罪主刑有期徒刑执行完毕之日或者假释之日起继续计算。

用《刑法》第70条"先并后减"并罚办法得出的犯罪分子执行刑期。这体现了新罪并罚一般重于漏罪并罚的刑事立法导向。这主要是因为犯罪分子在刑罚执行期间仍然犯新罪,并且是犯故意犯罪的,明显表明其抗拒改造、人身危险性较大的特点,需要予以更重的惩罚。

(2)"先减后并"的适用,将使实际执行的刑罚可能超过数罪并罚的法定最高刑期,有利于对犯罪分子再犯新罪的惩罚。在前罪与新罪都被判处较长刑期的情况下,尤其是前罪与新罪被判处的有期自由刑的总和刑期超过数罪并罚法定最高刑期的限制时,采用"先减后并"的方法并罚后的犯罪分子实际执行刑期,就有可能超过数罪并罚法定有期自由刑最高刑期。

(3)"先减后并"的适用,将使犯罪分子在刑罚执行期间犯新罪的时间早晚,与新罪并罚时决定执行的最低期限、实际执行的刑期最低期限成反比关系,有利于对犯罪分子的改造与规范引导。"先减后并"的适用具有一个突出的重要功能:犯罪分子在刑罚执行期间所犯新罪的时间,距离前罪所判刑罚执行完毕的期限越近(也就是犯罪分子再犯新罪时前罪所判刑罚的剩余刑期越短),则数罪并罚时决定执行刑罚的最低期限,以及实际执行刑期的最低期限就越长。这对巩固教育改造成果、提高刑罚执行效益,明显具有重要意义。

2. "先减后并"与"先并后减"适用结局相当的情形

适用《刑法》第71条"先减后并"并罚办法,得到的犯罪分子实际执行刑期,并不是在全部情况中都重于适用《刑法》第70条"先并后减"并罚办法,得到的犯罪分子实际执行刑期。在特定情况下也可能出现,两者并罚后犯罪分子实际执行刑期相当的情况。在犯新罪所判处的刑期比前罪尚未执行的刑期短,或者两者相当的情况下,适用"先减后并"并罚后的最低实际执行刑期,并不比适用"先并后减"并罚后的最低实际执行刑期长,两者适用结局出现相当的情形。例如,犯罪分子乙因故意伤害罪的前罪被判处10年有期徒刑,执行2年以后在监管场所劳动过程中严重失误，又犯过失致人重伤罪的新罪，被判处 2 年有期徒刑。若适用"先减后并"的并罚方法，应当在 8 年以上 10 年以下有期徒刑中决定执行的刑罚，加上已执行的 2 年有期徒刑刑期，实际执行的刑期最低为 10 年有期徒刑、最高为 12 年有期徒刑。假如采用"先并后减"的并罚方法，应当在最低为 10 年有期徒刑、最高为 12 年有期徒刑以下决定执行的刑罚，实际执行的刑期最低也为 10 年有期徒刑、最高为 12 年有期徒刑。由此可见，在上述情况下出现了"先减后并"与"先并后减"适用结局相当的情形。

除了上述情况，在以下特定情况下也存在"先减后并"与"先并后减"适用结局相当的情形：

（1）原判的刑罚为无期徒刑或者死刑缓期二年执行且未经减刑，漏罪或者新罪被判处有期自由刑的。由于在无期徒刑或者死刑缓期二年执行的执行中，不存在已经执行的刑罚或未执行的刑罚，因而适用"先减后并"或"先并后减"办法后的结局都是无期徒刑或者死刑缓期二年执行吸收有期自由刑，将出现"先减后并"与"先并后减"适用结局相当的情形。

（2）原判的刑罚为无期徒刑或者死刑缓期二年执行且未经减刑，漏罪或者新罪也被判处无期徒刑或者死刑缓期二年执行的。由于在无期徒刑或者死刑缓期二年执行的执行中，不存在已经执行的刑罚或未执行的刑罚，同时无期徒刑或者死刑缓期二年执行之间存在择一关系，因而适用"先减后并"或"先并后减"办法后的结局都是无期徒刑或者死刑缓期二年执行，也将出现"先减后并"与"先并后减"适用结局相当的情形。

（3）原判的刑罚为有期自由刑，漏罪或者新罪被判处无期徒刑或者死刑缓期二年执行的。虽然在有期自由刑的执行中存在已经执行的刑罚和未执行的刑罚，但适用"先减后并"或"先并后减"办法后的结局，都是无期徒刑或者死刑缓期二年执行吸收有期自由刑，也将出现"先减后并"与"先并后减"适用结局相当的情形。

（4）原判刑罚为有期徒刑，在刑罚执行期间发现漏罪或者犯新罪，应当被判处拘役的。或者原判刑罚为拘役，在刑罚执行期间发现尚未被处理的漏罪或者犯新罪，应当被判处有期徒刑的。根据《刑法》第 69 条第 2 款的规定，在刑罚执行期间发现漏罪或者犯新罪的，只要原判刑罚的剩余刑期或漏罪、新罪应受刑罚中存在有期徒刑和拘役并罚的，则只执行有期徒刑。因而，将出现"先减后并"与"先并后减"适用结局相当的情形。

（5）刑罚执行中犯新罪，刑罚执行完毕被发现的并罚，与刑罚执行完毕后发现漏罪的并罚，处理结局相当的情形。刑罚执行中犯新罪，刑罚执行完毕被发现的，应当适用数罪并罚。而刑罚执行完毕后发现漏罪的，不需要适用数罪并罚，只需要进行对漏罪的另行处理。数罪并罚总体上是对犯罪分子适当从宽处罚的制度安排，而犯罪分子在刑罚执行中犯新罪，其社会危害性与主观对抗性较漏罪更为严重，理当受到比漏罪更重的处罚，似乎不应当适用数罪并罚，两者之间似乎存在罪刑失衡的现象。对此应当认为，两者之间并没有罪刑失衡，实际上处于处理结局相当、罪刑均衡的状态。根据《刑法》第 71 条的规定，对刑罚执行中所犯新罪，应当依照"先减后并"的方法进行并罚。由于刑罚执行完毕后才发现该新罪，此时犯罪分子尚未执行完毕的刑罚为零，因而将该零刑罚与新罪所处刑罚进行并罚，实际上在处理结局上仅仅是对新罪一罪的处罚。对刑罚执行完毕后发现漏罪的处理，同样是对漏罪一罪的处罚，两者之间实际上处罚相当，因而属于处理结局相当的情形。

3. "先减后并"轻于"先并后减"的可能性

适用《刑法》第 71 条的"先减后并"并罚办法得到的适用结局，并不一定比"先并后减"并罚办法得到的适用结局更重。在特定情况下可能出现"先减后并"轻于"先并后减"的适用结局，即当前一判决与后一判决处理的罪行的宣告刑之和超过 35 年时，可能出现"先减后并"轻于

"先并后减"的情形。

《刑法》第 71 条没有对新罪的并罚方法作出专门规定,而是通过援引《刑法》第 69 条的规定方法进行并罚,而《刑法》第 69 条的规定中对有期徒刑的并罚刑期设置了两档不同的上限,这就导致可能出现"先减后并"轻于"先并后减"的情形。例如,甲因 A、B 两罪,分别判处 12 年、13 年有期徒刑,应当在 13 年以上 20 年以下决定执行的刑期,法院决定执行 16 年有期徒刑。执行 3 年后,发现漏罪(C 罪),对 C 罪判处 11 年有期徒刑。按"先并后减"计算,则应当在 13 年以上 25 年以下决定应当执行的刑期,可能执行的最长刑期为 25 年。但是,倘若将 C 罪改为新罪,采取"先减后并"的方法,则只能将没有执行完的 13 年徒刑(16 年减 3 年)与新罪的 11 年徒刑进行并罚,即在 13 年以上 20 年以下决定执行的刑罚,加上已经执行的 3 年,可能执行的最长刑期为 23 年,比"先并后减"反而少 2 年。①或者如前所述,更为极端的事例是:被决定执行 25 年有期徒刑的犯罪分子,只要在入狱当天故意致他人轻伤或故意毁坏数额较大的财物,就极有可能将刑期缩短为 20 年以下。②

对此,论者给出的解决思路是:"(总和刑期)以先后所犯各罪的宣告刑之和为其内涵……新的执行刑期不得短于先前判决执行刑的剩余刑期,且不得长于剩余刑期与后罪宣告刑之和。"③该观点似需商榷,理由如下。

(1)依照上述思路,仍不能解决数罪并罚后再犯新罪案件的原有困境,反而造成新的困境。例如,甲在前一判决中因犯 A、B 两罪,分别被判处 7 年、14 年有期徒刑,决定执行 20 年有期徒刑,刑罚执行 1 年后,甲又犯 C 罪,被判处 2 年有期徒刑。依照目前通说的观点,先从前一判决决定的执行刑中将已经执行的刑罚扣除,即 20 年－1 年＝19 年

①　张明楷:《刑法学》(第五版)(上),法律出版社 2016 年版,第 611 页。
②　袁国何:《数罪并罚后再犯新罪的罪刑失衡及其教义学出路》,《法学》2019 年第 7 期。
③　袁国何:《数罪并罚后再犯新罪的罪刑失衡及其教义学出路》,《法学》2019 年第 7 期。

有期徒刑,再将剩余的刑期与新犯的罪的宣告刑进行并罚,即在19年有期徒刑以上21年有期徒刑以下决定执行的新刑罚,实际在19年有期徒刑以上20年有期徒刑以下决定执行的新刑罚。依照上述观点,先从前一判决各个宣告刑之和中将已经执行的刑罚扣除,即(7年+14年)−1年=20年有期徒刑,再将剩余的刑期与新犯的罪的宣告刑进行并罚,即在20年有期徒刑以上22年有期徒刑以下决定执行的新刑罚,实际需要在20年有期徒刑以上20年有期徒刑以下决定执行的新刑罚,最后不得不在新判决中决定执行20年有期徒刑。并且依照上述观点,将导致新的困境,即在前一判决决定的刑罚执行中,再犯应被判处15年以下有期徒刑的任何单个罪,都只能被判处20年有期徒刑,即都只能在20年有期徒刑以上34年有期徒刑以下决定执行的新刑罚,实际在20年有期徒刑以上20年以下有期徒刑决定执行的新刑罚,最终只能在新判决中决定执行20年有期徒刑,这明显令人难以理解。

(2) 上述思路不符合《刑法》第71条的适用逻辑。上述思路强调"要求新的执行刑期不得短于先前判决执行刑的剩余刑期,且不得长于剩余刑期与后罪宣告刑之和"。基于我国刑事司法体制,上述思路中的"要求"应当是对审判机关提出的要求。然而,根据《刑法》第71条的规定,审判机关决定新的执行刑期时,需要先对犯罪分子新犯的罪作出判决,决定后罪的宣告刑。当审判机关决定新罪的宣告刑时,只需要考虑犯罪分子新犯罪的事实、新犯罪的性质、情节以及对社会的危害程度,并不需要考虑与前罪并罚的任何问题,包括不需要考虑新的执行刑期是否长于剩余刑期与后罪宣告刑之和。审判机关在决定新罪的宣告刑后,再将该宣告刑与前罪没有执行的刑罚予以并罚,然后才能够确定新的执行刑期是否短于先前判决执行刑的剩余刑期,或者是否长于剩余刑期与后罪宣告刑之和。假如审判机关此时才发现新的执行刑期短于先前判决执行刑的剩余刑期,且长于剩余刑期与新罪宣告刑之和,不得擅自改变原有判决。

（3）上述思路并不能解决全部的新罪并罚问题。上述思路的适用局限较为明显，仅能适用于"剩余刑期长于 20 年的被执行人再犯新罪，剩余刑期与新罪宣告刑之和不满 35 年的案件"，明显不能用以解决全部的新罪并罚问题。论者对此也认为："对于先前被判处死刑缓期二年、无期徒刑而后被依法减为有期徒刑后再犯新罪的案件，本书的分析思路也可能会捉襟见肘。"①实际上，对于前文所述的"先减后并"与"先并后减"适用结局相当的四种情形，上述思路都难以解决。

本书认为，在现有刑法框架内出现新罪并罚时"先减后并"轻于"先并后减"的情形，具有现实性和客观性。在刑法未对此作出根本的修改前，试图通过刑法解释、刑事程序调整等方法，一劳永逸地改变"先减后并"轻于"先并后减"的罪刑失衡情况，基本上属于治标不治本的思路。有的学者对此也持有类似看法："对此，只能依赖法官根据具体案件做出适当裁决，没有其他更好的办法。"②应当认为，后者看法属于在全面深入分析刑法现有规定基础上做出的务实选择，而不能被认为是消极看法。然而，只是单纯依赖法官根据具体案件作出适当裁决的模式，也难以完全避免法官仍然作出"先减后并"轻于"先并后减"的裁判，需要考虑在维护现有数罪并罚制度权威的前提下，既鼓励法官根据具体案件作出"先减后并"不轻于"先并后减"的适当裁决，同时也考虑采用其他适当途径来实现"先减后并"不轻于"先并后减"的合理状态。对此，建议刑罚执行机关、减刑程序审判机关对适用"先减后并"轻于"先并后减"的犯罪分子，除《刑法》第 78 条规定应当减刑的情况外，严格适用减刑或者不减刑，直至犯罪分子实际执行刑罚不低于前一判决决定的执行刑期。为实现这一建议，最优选择是刑法修订时增加相应保障条款，次优选择是通过司法解释明确具体适用规则。

---

① 袁国何：《数罪并罚后再犯新罪的罪刑失衡及其教义学出路》，《法学》2019 年第 7 期。
② 张明楷：《刑法学》（第五版）（上），法律出版社 2016 年版，第 611 页。

四、对《刑法》第 71 条有关新罪并罚规定的特别适用

在通常情况下,《刑法》第 71 条的具体适用主要是针对前一判决宣告为一罪的刑罚执行中,犯罪分子又犯新的一罪的并罚,理论上和实践中对此争议较少。但对于前一判决宣告为数罪,或者刑罚执行完毕以前犯罪分子又犯数个新罪的新罪并罚,以及前一刑罚执行中,发现犯罪分子既有新罪又有漏罪的数罪并罚等问题,则存在一些争议,需要区分类型予以分析。

（一）判决宣告为数罪或者刑罚执行完毕以前犯数个新罪的新罪并罚

本部分问题可以分为以下三种类型:第一,前一判决宣告为数罪、刑罚执行完毕以前犯罪分子又犯数个新罪的并罚。第二,前一判决宣告为数罪、刑罚执行完毕以前犯罪分子又犯一个新罪的并罚。第三,前一判决宣告为一罪、刑罚执行完毕以前又犯数个新罪的并罚。对此,有的观点持彻底的宣告刑说,认为"必须……以先后所犯各罪的宣告刑之和为其内涵"。[1]多数观点持执行刑与宣告刑结合说,认为对于刑罚执行期间犯罪分子再犯数个新罪的并罚,应当首先对数个新罪分别定罪量刑,而后将前一判决所宣告的数个刑罚（即数个宣告刑）,与前一判决尚未执行完毕的刑罚合并处罚。[2]本书赞成后者观点主张,应当坚持执行刑与宣告刑结合说。坚持该学说的理由与前述数个漏罪并罚有关内容大体一致,对彻底的宣告刑说的批评亦可参考前述。

（二）刑罚执行中发现既有新罪又有漏罪的数罪并罚

对于本部分问题,在理论上主要有以下几种观点:

观点一主张:在对漏罪和新罪分别定罪量刑的基础上,对漏罪和新罪分别适用"先并后减"和"先减后并"的方法作出判决,并按照漏罪在

---

[1] 袁国何:《数罪并罚后再犯新罪的罪刑失衡及其教义学出路》,《法学》2019 年第 7 期。

[2] 赵秉志主编:《刑罚总论问题探索》,法律出版社 2003 年版,第 498 页。

先、新罪在后的顺序进行两次数罪并罚,然后作出决定执行的刑罚就是全部数罪并罚的结果。①观点二主张:应先对漏罪和新犯之罪分别定罪量刑,将两罪所判处的刑罚,按照《刑法》第 69 条规定的限制加重办法,酌情决定执行的刑罚。然后再把该判决作为一个新判决,与原判所判处的刑罚并罚,再按照《刑法》第 69 条规定的限制加重办法,酌情决定应执行的刑罚。然后在决定执行的刑罚刑期中再减去已执行的刑罚,从而确定应继续执行的刑罚。观点三主张:应先对漏罪和新犯之罪分别定罪量刑,然后把原判刑罚和漏罪、新罪所判处的刑罚,按照《刑法》第 69 条规定的限制加重办法,酌情决定执行的刑罚。然后在决定执行的刑罚刑期中再减去已执行的刑罚,从而确定应继续执行的刑罚。观点四主张:应先对漏罪和新罪分别定罪量刑,然后将新罪所判处的刑罚与原判刑罚,按照《刑法》第 71 条的"先减后并"并罚办法,酌情决定执行的刑罚。再将该判决作为一个新判决,与漏罪所判处的刑罚,按照《刑法》第 69 条规定的限制加重办法,酌情决定执行的刑罚,决定为最终应继续执行的刑罚。②

本书认为,观点一、三、四都有着较多不足,主要表现在:观点一实际上对犯罪分子进行了两次数罪并罚,将犯罪分子已经执行的刑罚进行了两次扣减,违反了一事不得重复评价原则,客观上也造成了轻纵犯罪分子的不公正现象。观点三也不符合《刑法》第 70 条、第 71 条的规定。该观点实际上将原判决决定的刑罚、对漏罪判处的刑罚、对新罪判处的刑罚等三种完全不同的定罪量刑"一锅烩",完全丧失了《刑法》第 70 条、第 71 条的立法功能。观点四的并罚方法将可能造成实际执行的刑期下降,造成轻纵犯罪的不合理后果。依照该观点的主张,实际上是先把新罪与原判刑罚进行并罚,再将该并罚决定执行的刑罚与漏罪

① 赵秉志主编:《刑罚总论问题探索》,法律出版社 2003 年版,第 499 页。
② 陈兴良:《刑法适用总论》(上卷)(第三版),中国人民大学出版社 2017 年版,第 516 页。

进行并罚,这就造成了与客观上漏罪、新罪发生时间顺序完全相反的现象,从而会使犯罪分子实际执行刑期被不当地缩短,甚至还可能出现并罚后应执行刑期短于并罚前应执行刑期的不当问题。例如,甲因前罪被判处 8 年有期徒刑,执行 5 年后,甲又犯应处 5 年有期徒刑的新罪,同时发现漏罪,也应当被判处 5 年有期徒刑。假如先将新罪与前罪并罚,再从前罪判处的 8 年有期徒刑中减去已经执行的 5 年有期徒刑后,在两个刑罚中的最重刑 5 年有期徒刑以上、两个刑罚的总和刑期 8 年有期徒刑以下,决定应执行 6 年有期徒刑。然后再将该 6 年有期徒刑与漏罪并罚,在两个刑罚中的最重刑 6 年有期徒刑以上、两个刑罚的总和刑期 11 年有期徒刑以下,决定应执行 7 年有期徒刑。结果可以发现:从 7 年有期徒刑中减去已经执行的 5 年,尚未执行的刑期为 2 年有期徒刑,比前罪尚未执行的 3 年有期徒刑还要短。这明显不合理,令人难以接受。

因而,本书总体上赞成观点二的看法,当然可以更加细化。即如果新罪与漏罪属于同一种类的犯罪,就将新罪与漏罪视为一个犯罪,然后采取"先减后并"的办法进行并罚。如果新罪与漏罪不属于同一种类的犯罪,仍可以将漏罪与新罪同等对待。先将新罪与漏罪并罚,视为一个新罪,再与前一个判决决定的刑罚尚未执行完毕的刑期进行并罚。

本书认为,上述看法具有更充分的合理性,主要表现在:第一,符合《刑法》第 70 条、第 71 条的立法宗旨。《刑法》第 70 条、第 71 条的立法宗旨是严格区分漏罪与新罪,对漏罪的惩罚相对较轻、对新罪的惩罚相对较重。处理在刑罚执行期间同时发现漏罪与新罪的观点或者方法,应当符合上述立法宗旨,否则将导致对数罪并罚制度理解与适用的混乱。观点一的方法明确区分出漏罪与新罪,严格分为两个前后相继的阶段分别处理漏罪与新罪,符合《刑法》第 70 条、第 71 条的立法宗旨。第二,符合罪刑均衡原理。在符合《刑法》第 70 条、第 71 条立法宗旨的基础上,还要求适用方法能够符合罪刑均衡原理,否则也将造成不合理的适用结局。例如,上述观点四的看法,表面上也符合《刑法》第70条、第71条的立法宗旨,也将漏罪与新罪的处罚严格分开,但却造成了犯罪分子实际执行刑期被不当地缩短,甚至还可能出现并罚后应执行刑期短于并罚前应执行刑期等罪刑失衡问题,这就难以成为妥当的处理办法。假如适用本书的建议,既没有造成对犯罪分子不当的重罚也没有轻纵犯罪分子,符合罪刑均衡原理的要求。第三,曾得到有关司法解释的支持。最高人民法院在《关于人民法院审判严重刑事犯罪案件中具体应用法律的若干问题的答复(三)》中指出:"发现犯罪分子在前罪判决宣告以前,或者在前罪判处的刑罚执行期间,犯有其他罪行,未经过处理,并且依照刑法的规定应当追诉的,如果漏罪与新罪分属于不同种的罪,即应对漏罪与刑满释放后又犯的新罪分别定罪量刑,并依照(1979年)刑法第六十四条的规定,实行数罪并罚。如果漏罪与新罪属于同一种罪,可以判处一罪从重处罚,不必实行数罪并罚。"该司法解释虽然已被废止,但其解释精神可以参考适用。

第四章 数罪并罚的关联运行论

《刑法》在总则编第四章"刑罚的具体运用"中规定了七种刑罚制度,将数罪并罚作为其中一种,并与其他六种并列。从形式上看,数罪并罚与其他六种刑罚制度平行而立,似乎互不干涉。但在司法实践中,数罪并罚制度与缓刑制度、减刑制度、假释制度存在密切联系,彼此之间存在着许多制度关联运行情形。尤其是犯罪分子在缓刑考验期内、服刑犯罪分子减刑后、假释考验期内又犯新罪,或者犯罪分子在被判处缓刑、被裁定减刑、假释后,发现其又有未经处理的漏罪等情形,相比较而言,比一般的数罪并罚问题更为复杂。

第一节 数罪并罚与缓刑

缓刑是我国刑法规定的刑罚执行制度之一,是对犯罪分子宣告判处法定主刑的时候,同时宣告附条件暂缓执行的刑罚执行制度,因而又称为附条件暂不执行原判刑罚制度。缓刑的主要特点有:一是依附于原判法定主刑而存在,不能单独存在。二是附加条件暂缓执行,但保留在特定条件下再予启动执行的可能性。在多数情况下,该特定条件指的就是在缓刑期间发现漏罪或者再犯新罪的情况,因而缓刑制度与数罪并罚制度之间具有较为密切、复杂的关系,需要深入分析。

一、缓刑适用与数罪并罚的一般问题

根据《刑法》第 77 条第 1 款规定,缓刑适用与数罪并罚的一般问题包含下列情形:

(一)犯罪分子在缓刑考验期内犯新罪的处理

根据《刑法》第 77 条第 1 款的规定,对在缓刑考验期限内犯新罪的缓刑犯罪分子,应当撤销缓刑,对新犯的罪作出判决,再把前罪和后罪所判处的刑罚,依照第 69 条数罪并罚后决定执行的刑罚。如果数罪并罚后决定执行的刑罚是拘役或者三年以下有期徒刑,也不能再考虑宣告缓刑。理由是:其一,根据《刑法》第 77 条第 1 款的规定,犯罪分子在缓刑考验期内违法违规的,或者违反禁止令、情节严重的,应当撤销缓刑,执行原判刑罚。对于在缓刑考验期内违法违规的,或者违反禁止令、情节严重的犯罪分子,都不允许再适用缓刑,根据举轻以明重的原则,对于在缓刑考验期内犯新罪的犯罪分子,更加不允许再次适用缓刑。其二,该犯罪分子在缓刑考验期内犯新罪的情节,已经表明其不具备"有悔罪表现、没有再犯罪的危险"等适用缓刑的实质条件。

有的观点对在缓刑考验期内犯新罪的,依照《刑法》第 69 条的规定决定执行的刑罚,提出了不同看法,其认为:"对《刑法》第 77 条规定适用条件应有所限制,即其只应适用于被宣告缓刑的犯罪分子在判决以前未羁押的情况,而不应适用于被宣告缓刑的犯罪分子在判决之前曾被羁押的情形。"[1]

本书认为,上述观点并不妥当。其一,上述观点混淆了缓刑宣告前

① 赵秉志主编:《刑罚总论问题探索》,法律出版社 2003 年版,第 508 页。

的羁押与前罪已经执行的刑期两个不同性质的法律概念。缓刑宣告前的羁押是为保障刑事诉讼顺利进行而实施的诉讼强制措施,羁押过程中也可能变更为非羁押强制措施。前罪已经执行的刑期是判决决定后对犯罪分子的惩罚措施,可能为羁押的自由刑,也可能为非羁押的管制刑。与被告人被定罪有直接关系,执行过程不能变更为其他刑罚措施。由此可见,将是否被羁押作为《刑法》第 77 条规定适用条件的限制,并不妥当。其二,上述观点指出的被宣告缓刑的犯罪分子在判决之前曾被羁押对数罪并罚的影响,依照我国刑法规定可以得到妥当处理。被宣告缓刑的犯罪分子在判决之前曾被羁押的,依照我国刑法规定,可以在判决决定执行的刑期中进行折抵,即使被判处缓刑的犯罪分子因犯新罪而被数罪并罚的,也不影响羁押时间折抵实际执行刑期。并且,我国刑法中适用缓刑的刑期条件是拘役或者三年以下有期徒刑,通常情况下,该刑期条件已足够折抵判决之前被羁押的时间。

　　关于犯罪分子在缓刑考验期内犯新罪的数罪并罚具体适用问题。根据《刑法》第 77 条第 1 款的规定,对在缓刑考验期限内犯新罪的缓刑犯罪分子,应当撤销缓刑,对新犯的罪作出判决,再把前罪和后罪所判处的刑罚,依照第 69 条数罪并罚后决定执行的刑罚。缓刑考验期不能折抵数罪并罚后的决定执行刑期,但被判处缓刑前曾经被羁押的,或者缓刑考验期内犯新罪时被羁押的,羁押时间应当折抵数罪并罚后决定执行的刑期。参照 2002 年 4 月最高人民法院的有关批复精神,[①]对于因违法违规而被撤销缓刑的犯罪分子,对其在宣告缓刑前羁押的时间应当折抵刑期。对在缓刑考验期限内犯新罪的缓刑犯罪分子,也应当适用羁押的时间折抵刑期。此处被折抵的刑期,应当是数罪并罚后决定执行的刑期,不应当是原判刑期或者新犯罪的刑期。理由有:其一,

---

① 参见《最高人民法院关于撤销缓刑时罪犯在宣告缓刑前羁押的时间能否折抵刑期问题的批复》(法释〔2002〕11 号):"根据刑法第 77 条的规定,对被宣告缓刑的犯罪分子撤销缓刑执行原判刑罚的,对其在宣告缓刑前羁押的时间应当折抵刑期。"

羁押时间折抵数罪并罚后决定执行的刑期,符合刑法规定。《刑法》第77条第1款明确规定,对在缓刑考验期限内犯新罪的缓刑犯罪分子,撤销缓刑、进行数罪并罚后,要决定执行的刑罚,而不是其他表述。其二,羁押时间折抵数罪并罚后决定执行的刑期,有利于刑法的统一适用。我国刑法有关数罪并罚的规定中,对并罚后果都明确规定为"决定执行的刑罚",而不是其他表述。如果羁押时间不用来折抵数罪并罚后决定执行的刑期,将造成刑法适用的紊乱。其三,羁押时间折抵数罪并罚后决定执行的刑期,有利于被告人。根据《刑法》第69条的规定,对在缓刑考验期限内犯新罪的缓刑犯罪分子,数罪并罚将适用限制加重办法。通常数罪并罚后的决定执行刑期都小于前罪与后罪的宣告刑之和,将羁押时间用来折抵数罪并罚后决定执行的刑期,比羁押时间用来折抵前罪或者新罪的单一刑期,更有利于被告人。

(二)缓刑考验期内发现犯罪分子在判决宣告以前有漏罪的处理

根据《刑法》第77条第1款的规定,被宣告缓刑的犯罪分子,在缓刑考验期限内发现判决宣告以前还有其他罪没有判决的,应当撤销缓刑,对新发现的罪作出判决,把前罪和后罪所判处的刑罚,依照《刑法》第69条的规定,决定执行的刑罚。如果决定执行的刑罚是拘役或者三年以下有期徒刑,也不能再次宣告缓刑,其理由与前述缓刑考验期内发现犯罪分子犯新罪的,不适用再次缓刑的理由类似。

需要讨论的问题是:被宣告缓刑的犯罪分子,在缓刑考验期限内发现漏罪,但对漏罪免予刑事处罚的,是否应当撤销缓刑,并予以数罪并罚。例如,就某地苏某一案的处理,对上述问题有着实际参考意义。①

---

① 参见:一审:上海市黄浦区人民法院(2007)黄刑初字第706号,二审:上海市第二中级人民法院沪二中刑终字第94号。基本案情是:2006年6月某日,苏某因犯票据诈骗罪被某区人民法院判处3年有期徒刑、缓刑3年。后司法机关于2008年11月(也就是在上一个罪的缓期考验期内),又发现苏某在2005年有涉嫌信用卡诈骗的罪行,遂对其进行起诉。但法院判决决定:依法对苏某在2005年涉嫌信用卡诈骗的行为免予刑事处罚,也没有对上一个票据诈骗罪的缓刑判决做出实刑改判。一审宣判后,公诉机关向某市第二中级人民法院提起抗诉,认为适用法律错误。但二审法院维持一审原判。

对上述情况的处理,存在两种意见。第一种为否定意见,认为对苏某的缓刑不需要撤销,也不需要对前后两个行为进行数罪并罚。其主要理由是:(1)我国刑法数罪并罚制度的实质不是罪的合并,而是刑的合并。数罪并罚适用的充分必要条件是存在数个应当被判处刑罚的罪,免予刑事处罚不是刑法规定的刑罚,免予刑事处罚只是单纯对行为人作有罪宣告,本质上就不属于对犯罪分子判处的刑罚,因而也就谈不上数罪并罚。(2)根据《刑法》第 77 条的规定,撤销缓刑的法定条件是发现漏罪,撤销缓刑目的是将判处缓刑的处罚转变为实刑,以便于进行数罪并罚,并决定执行的刑罚。假如不撤销前一个罪的缓刑,根据我国刑法规定,无法对适用缓刑的刑罚与未适用缓刑的刑罚进行并罚。假如无须数罪并罚或者没有法律依据来实行数罪并罚,则无撤销缓刑的理由或必要。①第二种为肯定意见,认为应当对苏某涉嫌的信用卡诈骗罪与票据诈骗罪进行数罪并罚,再决定执行 3 年有期徒刑、缓刑 3 年。其主要理由是:(1)数罪并罚当然包括刑罚在内的罪的并罚,而不仅仅是刑罚的并罚。只要被告人存在数罪,就应当并罚,无需考虑被告人所犯的数罪中是不是存在被免予刑事处罚的情形。(2)根据《刑法》第 77 条的规定,在被告人缓刑考验期内发现漏罪,就应当对前一个判决决定执行的缓刑予以撤销,并对漏罪作出判决,然后再依法进行数罪并罚。上述内容是法律的刚性规定,即使在漏罪被判处免予刑事处罚的情况下,也不影响上述规定的贯彻实施。②

本书认为,上述观点虽然都指出了缓刑执行期间发现免予刑事处罚型漏罪处理的部分问题,却又将撤销缓刑的条件与撤销缓刑后的处理混为一谈,造成理论与实践的矛盾,都不足取。其一,根据《刑法》第

---

① 沈解平、陈柱钊:《免予刑事处罚型漏罪对缓刑执行的影响》,《人民司法·案例》2009 年第 20 期。

② 肖晚祥、邱胜冬:《缓刑漏罪中的数罪并罚问题》,《人民法院报》2008 年 10 月 15 日第 4 版。

77条第1款的规定,在缓刑考验期限内发现判决宣告以前,被告人还有其他罪行没有判决的,应当撤销缓刑,不需要考虑该发现的漏罪是否应当受到刑事处罚,也不需要考虑受到的处罚是轻刑还是重刑。换言之,在缓刑考验期限内与漏罪相关的撤销缓刑的法定条件只有一个:"发现"判决宣告以前还有其他罪没有判决的。除此之外,都是不符合立法精神的不当理解。由此,第一种认为不需要撤销原判缓刑的意见不符合刑法规定。其二,根据《刑法》第77条第1款的规定,在缓刑考验期限内发现被告人在判决宣告以前还有其他罪没有判决的,应当撤销缓刑。但应当注意:撤销缓刑本身与撤销缓刑之后的处理,即是否对原判刑罚与新发现的罪进行并罚,属于两个法律过程。并且在撤销缓刑之后,有可能不需要进行数罪并罚。根据《刑法》第77条的规定,缓刑考验期内发现漏罪进行数罪并罚的,存在着隐含前提:即前罪和后罪应当存在被判处的刑罚,假如后罪判处免予刑事处罚,则不能被认为存在被判处的刑罚,因而也就不能进行数罪并罚。由此,第二种观点中对苏某的票据诈骗罪与后发现的信用卡诈骗罪进行并罚的看法不符合法律规定,也是不合理的。综之,对上述案件应当做如下处理:对苏某后发现的信用卡诈骗罪进行判决,作出免予刑事处罚的决定。然后再以此作为依据,依照《刑法》第77条的规定,撤销原判决中对票据诈骗罪处罚的缓刑部分,决定执行原判决的3年有期徒刑。

关于犯罪分子在缓刑考验期内发现漏罪的数罪并罚具体适用问题。根据《刑法》第77条第1款的规定,犯罪分子在缓刑考验期内发现漏罪的数罪并罚具体适用,可以参照犯罪分子在缓刑考验期内有新罪的数罪并罚的具体办法。如果对犯罪分子在宣告缓刑前有羁押的,或者发现漏罪时有羁押的,羁押的时间应当折抵数罪并罚后决定执行的刑期。

(三)缓刑考验期满后,发现犯罪分子在缓刑考验期内犯新罪的处理

根据《刑法》第77条第1款的规定,对在缓刑考验期限内犯新罪的

缓刑犯罪分子,应当撤销缓刑,并将前罪没有实际执行的刑罚与新罪判处的刑罚,进行数罪并罚。因而,对犯罪分子在缓刑考验期内犯新罪的,能够进行数罪并罚的法定条件就是"犯罪分子在缓刑考验期内犯新罪",而不是"在缓刑考验期内发现新罪"。"犯罪分子在缓刑考验期内犯新罪",属于客观的事实条件,不是以其他人是否发现而转移的客观事实。因而,犯罪分子在缓刑考验期内犯新罪的,即使是在缓刑考验期满后被发现的,也应当按照刑法规定,撤销原判的缓刑,依法予以数罪并罚。

由上述规定也可以发现,犯罪分子在缓刑考验期限内犯新罪是撤销原判决缓刑的充分且必要条件,但却不一定是对新罪与原判刑罚进行并罚的充分且必要条件。犯罪分子在缓刑考验期限内犯新罪,属于客观事实,这一客观事实不因是否能够被发现而发生改变。犯罪分子在缓刑考验期限内犯新罪,这一客观事实被司法机关予以处理,属于主观现象,会因为司法机关发现的具体表现而发生改变,最为明显的就是司法机关发现的时间较晚,甚至在犯罪分子的缓刑考验期满后才发现,但是这并不能影响对犯罪分子在缓刑考验期限内犯新罪的处理。因而,即使司法机关在犯罪分子的缓刑考验期满后,才发现犯罪分子在缓刑考验期内所犯新罪的,也应当撤销缓刑,并将原判刑罚与新罪所处刑罚予以数罪并罚。即使犯罪分子在缓刑考验期限内所犯新罪超出了追诉时效,也应撤销犯罪分子的缓刑,执行原判刑罚,但不需要追诉新罪并予以并罚。

（四）缓刑考验期满后,发现犯罪分子有漏罪的处理

对于缓刑考验期满后,发现判决宣告以前的漏罪的处理,与上述缓刑考验期满后,发现犯罪分子在缓刑考验期内犯新罪的处理,有所不同。因为根据《刑法》第77条第1款的规定,只有在缓刑考验期限内,发现犯罪分子在判决宣告以前还有其他罪行没有判决的,才应当撤销缓刑。如果在缓刑考验期满后发现判决宣告以前的漏罪的,不能撤销缓刑。假如在犯罪分子的缓刑考验期满后,才发现犯罪分子在判决宣

告以前还有其他罪没有判决的,就不符合刑法对撤销缓刑的条件规定,不能撤销缓刑,应当对新发现的罪另行作出判决并决定执行。根据《刑法》第76条的规定,犯罪分子在缓刑考验期内没有出现《刑法》第77条规定的情形,缓刑考验期满,原判的刑罚就不再执行,实际上相当于犯罪分子对原有犯罪的刑事责任已经承担完毕。缓刑考验期满后,发现判决宣告以前的漏罪,在法律上已经不存在与原有犯罪的联系,只能对新发现的漏罪另行作出判决并决定执行。

二、《刑法修正案(九)》实施后缓刑适用与数罪并罚的新问题

《刑法修正案(九)》增设了《刑法》第69条第2款的规定,该规定不仅对一般情况下的数罪并罚具有重大影响,同时也为缓刑适用过程中的数罪并罚带来了诸多新问题,尤其是对原判决判处拘役、同时宣告缓刑的,在缓刑考验期内发现漏罪或新罪,又被判处拘役、有期徒刑,如何数罪并罚的问题。以及原判决判处拘役或者有期徒刑、同时宣告缓刑的,与管制的并罚问题等。

(一)有期监禁刑缓刑与有期监禁刑的并罚

根据《刑法》第69条第2款的规定:"数罪中有判处有期徒刑和拘役的,执行有期徒刑。"判处拘役、有期徒刑等有期监禁刑,宣告缓刑后,在缓刑考验期内犯新罪或者发现漏罪,也判处拘役、有期徒刑等有期监禁刑,需要数罪并罚的,根据上述规定,有以下问题需要分析。

第一,如果被告人在前一判决中被判处拘役,同时被宣告适用缓刑的,但是犯罪分子在缓刑考验期限内犯新罪,或者发现犯罪分子在判决宣告以前还有其他罪没有判决的,并且犯罪分子所犯的新罪,或者犯罪分子被发现判决宣告以前没有判决的其他罪,属于应当被判处有期徒刑刑罚的罪行,应当依照刑法规定,撤销原判拘役的缓刑,对犯罪分子新犯的罪或者新发现的罪作出判决,把前罪判处的拘役和后罪所判处的有期徒刑予以并罚。依照《刑法》第69条第2款的规定,决定执行有期徒刑。

第二,如果被告人在前一判决中被判处有期徒刑,同时被宣告适用缓刑的,但是犯罪分子在缓刑考验期限内犯新罪,或者发现犯罪分子在判决宣告以前还有其他罪没有判决的,并且犯罪分子所犯的新罪,或者犯罪分子被发现判决宣告以前没有判决的其他罪,属于应当被判处拘役刑罚的罪行。应当依照刑法规定,撤销原判有期徒刑的缓刑,对犯罪分子新犯的罪或者新发现的漏罪作出判决,把前罪判处的有期徒刑和后罪所判处的拘役予以并罚。依照《刑法》第69条第2款的规定,决定执行有期徒刑。

对于已经执行的缓刑考验期,不能以缓刑考验期的时间折抵决定执行有期徒刑的刑期。如果在判决作出以前,被宣告缓刑的犯罪分子已经被羁押的,羁押时间应当折抵决定执行的有期徒刑刑期。这主要是由于以缓刑考验期的时间折抵决定执行有期徒刑的刑期,这一做法缺乏刑法依据,也不符合公正原则。

(二)有期徒刑或拘役缓刑与管制的并罚

有期徒刑或拘役缓刑与管制的并罚,通常只能存在于先判处管制,并在管制执行期间发现漏罪或有新罪的时候。理论上也可能在判决宣告前判处有期徒刑或拘役,宣告缓刑的同时,判处管制并罚,但一般司法机关不会作出这样的判决。如果是判决宣告前判处有期徒刑或拘役并宣告缓刑后,在缓刑考验期内发现漏罪或有新罪的时候,依法应当撤销缓刑,并执行原判决决定的有期徒刑或拘役,对犯罪分子予以关押。根据刑法规定,判处管制的内在条件是犯罪分子不需要关押,两者之间存在不一致,因而此时不存在有期徒刑或拘役缓刑与管制的并罚。明确上述认识之后,具体适用中有下列问题需要分析。

第一,《刑法》第69条第2款与《刑法》第76条规定的理解与衔接。根据《刑法》第69条第2款和第76条的规定,被告人犯数罪被同时宣告判处有期徒刑或拘役缓刑以及管制的并罚适用时,《刑法》第69条第2款与《刑法》第76条在规定文意方面存在逻辑上的冲突:根据《刑法》第76条的规定,犯罪分子遵守法律、依法实行社区矫正,待判决决定的缓刑考验期满,原判的刑罚就不再执行。而根据《刑法》第 69 条第 2 款的规定,对犯数罪的犯罪分子有期徒刑、拘役执行完毕后,管制仍须执行。对此,当然不能认为既然缓刑考验期满,原判的刑罚就不再执行,也就不存在犯数罪的犯罪分子有期徒刑、拘役执行完毕的情形,因而管制也就不再执行。也不能将上述规定解释为缓刑考验期满,没有违反监管规定,没有再犯罪或者发现漏罪的,视为刑罚执行完毕。应当将《刑法》第 69 条第 2 款的规定解释为注意规定,即在通常犯数罪的犯罪分子没有被宣告缓刑的情况下,犯数罪的犯罪分子有期徒刑、拘役执行完毕后,管制仍须执行。犯数罪的犯罪分子被宣告缓刑的,缓刑考验期满,原判的刑罚就不再执行,管制仍须执行。《刑法》第 69 条第 2 款规定的"犯数罪的犯罪分子有期徒刑、拘役执行完毕后"不是"管制仍须执行"的必要前提,而只是对通常犯数罪的犯罪分子没有被宣告缓刑,在有期徒刑、拘役执行完毕后,管制仍须执行的这一情形的强调,防止适用该条款时错误认为有期徒刑、拘役执行完毕后管制不再执行。

　　第二,有期徒刑或拘役缓刑与管制的并罚适用。犯数罪的被告人,因其中部分罪行被判处有期徒刑,同时符合适用缓刑的条件而被宣告缓刑,在理论上也存在着其他部分罪行被宣告管制的,从而需要解决缓刑与管制同时执行的问题。例如 2018 年 12 月底,甲代替他人参加全国硕士研究生统一入学考试时被监考人员当场发现,甲为抗拒抓捕而殴打监考人员致其轻伤。2019 年 2 月,甲以故意伤害罪被判处 3 年有期徒刑,符合缓刑条件,被宣告缓刑 4 年,同时以代替考试罪被判处 1 年 6 个月管制。对甲而言,应当从何时开始执行管制? 对此,有的认为应当从判决决定执行之日起,也就是从有期徒刑的缓刑考验期限开始计算之日起,同时执行管制。①上述观点深具启发意义,但认为从有期

---

① 张明楷:《数罪并罚的新问题——〈刑法修正案(九)〉第 4 条的适用》,《法学评论》2016 年第 2 期。

徒刑的缓刑考验期限开始计算之日起,同时执行管制的具体看法需要商権。本书认为,犯数罪的被告人被宣告缓刑,同时又被宣告管制的,应当在缓刑考验期满后再开始执行管制。理由主要是:(1)对犯数罪的被告人从判决决定执行之日起,也就是从有期徒刑或拘役的缓刑考验期限开始计算之日起,同时执行管制的,等于是将同一段期间视为具有缓刑考验和管制执行的双重性质,导致被告人获得不应当获得的双重处罚,不符合公平正义原则。(2)对犯数罪的被告人从判决决定执行之日起,也就是从有期徒刑或拘役的缓刑考验期限开始计算之日起,同时执行管制的,将导致缓刑的制度定位与管制的制度定位之间关系紊乱。管制是主刑,缓刑是附属于主刑的执行方法。管制是非监禁刑,缓刑是附条件不执行监禁刑的制度安排。两者之间存在重大差异,如果从有期徒刑或拘役的缓刑考验期限开始计算之日起,同时执行管制的,将难以协调缓刑与管制之间的制度定位。(3)缓刑考验期与管制执行期间需要遵守的法定义务存在一定差异,难以同时执行。根据《刑法》第39条与第75条的规定,被判处管制的犯罪分子"未经执行机关批准,不得行使言论、出版、集会、结社、游行、示威自由的权利",而对被宣告缓刑的犯罪分子则没有上述要求。如果从有期徒刑或拘役的缓刑考验期限开始计算之日起,同时执行管制的,将造成本来享有政治权利的被宣告缓刑的犯罪分子,却同时需要遵守管制的法定义务,反而不能享有政治权利,这显然并不合法。

第二节 数罪并罚与减刑

数罪并罚与减刑制度的关联运行主要包含三个方面的问题:一是减刑以后发现犯罪分子在判决宣告以前存在漏罪的并罚问题。二是减刑之前犯新罪,在减刑以后被发现的并罚问题。三是犯罪分子在减刑以后犯新罪的,并在刑罚执行完毕以前被发现的并罚问题。对于上述问题,理论上与实践中均存在一定争议,需要予以深入分析。

一、减刑以后发现犯罪分子在判决宣告以前存在漏罪的处理

（一）减刑以后发现犯罪分子在判决宣告以前存在漏罪的处理
争议

减刑以后发现犯罪分子在判决宣告以前存在漏罪,是指在减刑裁定作出之后的刑罚执行中,发现被减刑的犯罪分子在判决宣告以前还有其他罪没有被处理的情形。减刑以后发现犯罪分子在判决宣告以前的漏罪,就其本身法律性质而言,当然也属于《刑法》第70条规定的"判决宣告以后,刑罚执行完毕以前,发现被判刑的犯罪分子在判决宣告以前还有其他罪没有判决的"情形,应当适用《刑法》第70条"先并后减"的办法规定。但理论上对该问题,仍存在以下争议:第一,对漏罪所判处的刑罚,究竟是与减刑之前原判决所判处的刑罚合并处罚,还是与原判决经减刑以后所决定执行的刑罚合并处罚。第二,减刑以后,如果发现减刑之前的漏罪需要并罚的,如何理解并适用《刑法》第70条规定的"已经执行的刑期,应当计算在新判决决定的刑期以内"的内容。第三,如果对漏罪进行并罚,已经作出的减刑裁定的效力如何处理,是归于失效,还是仍然有效。

对此,理论上有以下三种观点。第一种观点主张:在减刑以后发现犯罪分子在减刑之前有漏罪的情况下,应当将对漏罪判处的刑罚与减刑之前原判决判处的刑罚合并处罚,决定应予执行的刑罚。具体并罚方法主要由两个基本操作步骤构成:一是原减刑裁定在法律上应归于无效,应当依照法定的程序将减刑裁定予以撤销。二是适用《刑法》第70条的规定,将漏罪的刑罚与原判减刑之前的刑罚合并处罚,决定应当予以执行的刑罚。已经执行的刑期,应当计算在新判决决定的刑期以内。①第

①　黄京平:《数罪并罚与相关刑罚制度》,载中国人民大学法学院刑法专业组织编写:《刑事法专论(上)》,中国方正出版社1998年版,第436页。

二种观点主张:应当将漏罪的刑罚与减刑以后的刑罚依照《刑法》第70条的规定实行并罚。减刑裁定与原判决具有同等的效力,减刑裁定视为修正后的原判决,继续有效。[1]第三种观点主张:应当将漏罪判决决定执行的刑罚,与原判决决定执行的刑罚,按照《刑法》第69条的原则进行并罚,并将其实际已经执行的刑罚,包括减刑所减的刑期计算在新判决的刑罚内。[2]

（二）对有关观点的分析

本书认为,第一种观点在总体上是妥当的,但需要在适用办法方面予以进一步优化。

主要有下列内容:第一,对减刑裁定的效力应当进一步明确为自动失效。根据《刑事诉讼法》第274条的规定,目前我国刑事诉讼中发现减刑裁定不当的,只有在人民检察院提出纠正意见后才能变更减刑,不存在能够撤销减刑裁定的其他法定程序。对此,《减刑假释规定》也明确指出:"犯罪分子被裁定减刑后,刑罚执行期间因发现漏罪而数罪并罚的,原减刑裁定自动失效。"应当认为,该规定具有一定不足。因发现漏罪,而一概认为原减刑裁定自动失效,对犯罪分子并不完全公正。漏罪的产生具有多种复杂的原因,并不能完全归责于犯罪分子的有意隐瞒。有的漏罪是由于客观障碍导致犯罪分子未能完全供述自己的罪行,有的漏罪是由于犯罪分子误认为不是本人的罪行而没有供述。出现了不能完全归责于犯罪分子的漏罪,导致原减刑裁定自动失效,对犯罪分子并不完全公正。

第二,减刑后发现漏罪的,已经减刑裁定减去的刑期是否计入已经执行的刑期,应当具体分析。应当考虑到原减刑裁定自动失效的后果,

---

[1]　袁登明:《减刑适用中的数罪并罚问题》,《湖南省政法管理干部学院学报》2002年第1期。

[2]　孙炜:《判处无期徒刑的犯罪分子减刑之后,刑罚执行完毕之前,发现漏罪如何数罪并罚——王某绑架勒索案》,《刑事法判解》2006年第1—2辑,第138页。

对有悔改表现或者立功表现的犯罪分子存在不公正的问题,应当给犯罪分子提供一定的救济途径。对此,《减刑假释规定》根据漏罪的发现是否由犯罪分子本人主动交代,区分为两种情况,分别由人民法院重新确认减刑或者酌情重新裁定。[①]通过综合考虑漏罪性质、犯罪分子表现,对漏罪并罚与实际执行刑期作出了符合罪刑均衡原理的制度安排。

第三,对被判处死刑缓期二年执行或者无期徒刑的犯罪分子减刑后发现判决宣告前的漏罪进行并罚时,需要考虑是否恢复原判决决定执行的死刑缓期二年执行或者无期徒刑。对此,《减刑假释规定》区分三种情况分别作出规定。[②]

二、减刑以后发现犯罪分子在减刑之前犯新罪的处理

(一)减刑以后发现犯罪分子在减刑之前犯新罪的处理争议

减刑以后发现犯罪分子在减刑之前再犯新罪,是指在减刑以后的刑罚执行期间,发现被减刑的犯罪分子在减刑之前的刑罚执行期间又犯新罪,还没有被处理的情形。对此,理论上主要有两种观点。第一种观点认为:在减刑以后发现犯罪分子在减刑之前再犯新罪的条件下,并罚之数罪关系只能由新罪与未获减刑的原刑的原判之罪构成。首先按照法定的程序撤销减刑裁定,其次适用《刑法》第71条的规定,将再犯之罪的刑罚与原判决减刑之前的刑罚(即原判之罪没有执行的刑罚)合并处罚,决定应予执行的刑罚。[③]第二种观点认为:在减刑以后发现犯罪分子在减刑之前再犯新罪情形下,假如是因"有重大立功表现"而给予减刑的即属"应当减刑"(绝对减刑)的场合,无论是故意犯罪还是过

---

① 即"如漏罪系犯罪分子主动交代的,对其原减去的刑期,由执行机关报请有管辖权的人民法院重新做出减刑裁定,予以确认。如漏罪系有关机关发现或者他人检举揭发的,由执行机关报请有管辖权的人民法院,在原减刑裁定减去的刑期总和之内,酌情重新裁定"。

② 即《减刑假释规定》的第35、36、37条。

③ 黄京平:《数罪并罚与相关刑罚制度》,载中国人民大学法学院刑法专业组织编写:《刑事法专论(上)》,中国方正出版社1998年版,第438页。

失犯罪,都不撤销减刑裁定。假如因"确有悔改表现或立功表现"而给予减刑的即属于"可以减刑"的,所犯新罪是故意犯罪的撤销裁定。所犯新罪是过失犯罪的,不撤销减刑裁定。具体的并罚方法是,在撤销减刑裁定的场合,将所犯新罪的刑罚与原判决减刑之前的刑罚依照《刑法》第71条的规定并罚。在维持减刑裁定的场合,将所犯新罪的刑罚与原判决减刑之前的刑罚依照《刑法》第71条的规定并罚,同时把减刑减去的刑期从决定执行的刑罚中扣除。①

（二）对有关观点的分析

本书认为,上述观点都有一定合理性,同时也有一定不足。上述两种观点的合理性在于:都认识到了对减刑以后发现犯罪分子在减刑之前再犯新罪的并罚,应当适用《刑法》第71条的规定,将犯罪分子再犯新罪的刑罚与原判决减刑之前的刑罚（即原判决决定执行的刑罚尚未执行完毕的剩余刑期）合并处罚,决定应予执行的刑罚。上述两种观点的不足在于:均不同程度地主张撤销减刑裁定,而根据我国目前的刑事诉讼法规定,刑事诉讼中发现减刑裁定不当的,只有通过人民检察院的纠正意见才能提出,不存在能够撤销减刑裁定的其他法定程序。并且,撤销减刑裁定的主张也将在刑法适用上造成逻辑矛盾,即上述观点一方面主张对减刑以后发现犯罪分子在减刑之前再犯新罪,应当将再犯新罪的刑罚与原判决减刑之前的刑罚（即原判之罪没有执行的刑罚）合并处罚,决定应予执行的刑罚,另一方面又主张撤销减刑裁定。如果将再犯新罪的刑罚与原判决减刑之前的刑罚（即原判决决定执行的刑罚尚未执行完毕的剩余刑期）合并处罚,决定应当执行的刑罚,必然要以原减刑裁定为依据,才能确定原判决减刑之前的刑罚刑期,因而应当维持原减刑裁定。而如果撤销减刑裁定,则确定原判决减刑之前的刑罚就缺乏法定依据,也就无法确定原判决减刑之前的刑罚刑期,由此就形

---

① 吴平:《数罪并罚论》,中国政法大学出版社2011年版,第303页。

成了自相矛盾的局面。因而,上述观点主张撤销减刑裁定的看法并不妥当。

综上,本书认为,在减刑以后的刑罚执行期间,发现被减刑的犯罪分子在减刑之前的刑罚执行期间,又犯新罪还没有被处理的,原减刑裁定自动失效,应适用刑法规定予以"先减后并"的并罚。应当将新罪所处的刑罚,与减刑之前决定执行的刑罚尚未执行完毕的刑期进行并罚。理由如下:其一,被减刑的犯罪分子在减刑之前的刑罚执行期间,又犯新罪的,意味着犯罪分子不符合减刑条件,减刑裁定不能继续维持。根据《刑法》第78条的规定,犯罪分子能够得到减刑的条件是"在执行期间,认真遵守监规,接受教育改造,确有悔改表现的,或者有立功表现的"。犯罪分子在减刑之前的刑罚执行期间又犯新罪,显然不符合刑法规定的减刑条件,因而犯罪分子得到的减刑属于认定事实错误,减刑裁定不能继续维持,应予纠正。由于我国刑事诉讼法中没有规定撤销减刑裁定的程序,因而参照《减刑假释规定》中的相关条款,原减刑裁定自动失效。其二,原减刑裁定自动失效后,应适用刑法规定予以"先减后并"的并罚。原减刑裁定自动失效后,对犯罪分子执行的刑罚应当恢复到减刑之前的判决决定的刑罚。依照《刑法》第71条的规定,应当将犯罪分子已经执行的刑期予以扣除,再将新罪所处的刑罚,与减刑之前决定执行的刑罚尚未执行完毕的刑期进行并罚。其三,此种情形下,经减刑裁定已经减去的刑期如何处理的问题,相关司法解释并未作出直接规定,但可做参考适用。《减刑假释规定》第34条规定"罪犯被裁定减刑后,刑罚执行期间因发现漏罪而数罪并罚的,原减刑裁定自动失效",原减刑裁定减去的刑期由人民法院依法重新裁定。上述司法解释没有对罪犯被裁定减刑前的所犯新罪进行并罚时,经减刑裁定减去的刑期处理作出规定。由于罪犯被裁定减刑后,因被发现漏罪而造成减刑裁定自动失效的后果,与犯罪分子在减刑之前又犯新罪而造成减刑裁定自动失效的后果,两者之间的法律后果相似,因而可参考适用上述司法解释,也应当认为经减刑裁定减去的刑期应由人民法院依法重新裁定。

三、减刑以后犯新罪的,并在刑罚执行完毕以前被发现的处理

（一）减刑以后犯新罪的,并在刑罚执行完毕以前被发现的处理争议

对此,理论上和实践中主要存在以下处理争议。第一种观点认为:减刑以后犯新罪的,新罪发生在减刑之后,对原判决的刑罚进行适当减轻并无不当,因而只需要适用《刑法》第 71 条的规定,将新罪所处的刑罚与原判决减刑之后的刑罚（即原判决决定的刑罚经减刑后尚未执行完毕的刑罚）进行并罚,决定应执行的刑罚。[①]第二种观点认为:减刑以后犯新罪,不属于《刑法》第 71 条规定的内容,应当适用《刑法》第 69 条的规定予以数罪并罚。[②]第三种观点认为:犯罪分子被裁定减刑后,因又犯新罪而依法进行并罚时,已经执行的刑期应当在数罪并罚前先予以扣减。[③]

（二）对有关观点的分析

本书认为,上述观点都存在一定不足。第一种观点与第三种观点具有类似的不足,表现在于:没有充分考虑减刑以后犯新罪的具体情况,没有将所犯新罪区分为故意犯罪与过失犯罪,不利于对犯罪分子的公正处罚。减刑以后犯新罪的,应当区分为故意犯罪与过失犯罪的具体类型,该两种类型的区分对于减刑裁定减去的刑期是否计入已经执行的刑期具有重大影响。减刑以后犯新的故意犯罪,或者犯新的过失犯罪,表明了犯罪分子不同的社会危害性与主观对抗性。不考虑减刑以后犯新罪的具体类型,而采取一刀切式地一律认可或者一律不认可减刑后已经执行的刑期,都不利于对犯罪分子的公正处罚。第二种观

---

① 赵秉志主编:《刑罚总论问题探索》,法律出版社 2003 年版,第 512 页。
② 孟庆华:《数罪并罚适用与比较》,中国人民公安大学出版社 2012 年版,第 327 页。
③ 周飞等:《对服刑罪犯数罪并罚应当体现减刑裁定价值》,《检察日报》2017 年 12 月 17 日 003 版。

点的不足在于:将减刑以后犯新罪的,缩小解释为不属于《刑法》第71条的内容,难以自圆其说。减刑以后犯新罪,在刑罚执行完毕以前被发现的,当然属于刑罚执行中又犯罪的,理当适用《刑法》第71条的规定。

　　综上,本书认为,犯罪分子在减刑以后犯故意犯罪的,原减刑裁定应予以维持,应当先对新罪进行判决,确定新罪的刑罚,再将新罪的刑罚与裁定减刑后的刑罚尚未执行完毕的刑期进行并罚,减刑裁定减去的刑期不计入已经执行的刑期。如果犯罪分子在减刑以后犯过失犯罪的,原减刑裁定应予以维持,应当先对新罪进行判决,确定新罪的刑罚,再将新罪的刑罚与裁定减刑后的刑罚尚未执行完毕的刑期进行并罚,减刑裁定减去的刑期计入已经执行的刑期。原判死刑缓期二年执行减为无期徒刑、有期徒刑,或者无期徒刑减为有期徒刑的裁定也应当予以维持,继续有效。《减刑假释规定》第33条对此作出支持规定,[1]2012年8月最高人民法院发布《关于罪犯因漏罪、新罪数罪并罚时原减刑裁定应如何处理的意见》(法[2012]44号)(以下简称《漏罪新罪意见》)也予以支持。[2]对两个司法解释比较可以发现,两个司法解释之间存在一定的差异。第一,《减刑假释规定》第33条只对减刑后故意犯罪的并罚时经减刑裁定减去的刑期不计入已经执行的刑期的情形作出规定,却没有对犯罪分子被裁定减刑后刑罚执行期间过失犯罪如何处理作出规定,《漏罪新罪意见》也没有将刑罚执行期间所犯新罪区分为故意犯罪与过失犯罪。《减刑假释规定》只规定"犯罪分子被裁定减刑后,刑罚执行期间因故意犯罪而数罪并罚时,经减刑裁定减去的刑期不计入已经执行的刑期",其用意可能是为了有利于被告人。第二,《减刑假释规

---

① 即"犯罪分子被裁定减刑后,刑罚执行期间因故意犯罪而数罪并罚时,经减刑裁定减去的刑期不计入已经执行的刑期。原判死刑缓期二年执行减为无期徒刑、有期徒刑,或者无期徒刑减为有期徒刑的裁定继续有效"。

② 即"犯罪分子被裁定减刑后,因被发现漏罪或者又犯新罪而依法进行数罪并罚时,经减刑裁定减去的刑期不计入已经执行的刑期"。

定》中明确规定"原判死刑缓期二年执行减为无期徒刑、有期徒刑，或者无期徒刑减为有期徒刑的裁定继续有效"，而《漏罪新罪意见》对此未作规定，应当认为前者对被告人更为有利。对此，有关司法案例也予以认可。例如，宁夏某中级人民法院在（2017）宁 05 刑终 36 号刑事裁定书中指出："《漏罪新罪意见》与《减刑假释规定》对经减刑裁定减去刑期的处理原则均为不计入已经执行的刑期，但后者较前者增加死刑缓期二年、无期徒刑减刑裁定继续有效的规定，应认定适用后者对被告人更为有利。"

第三节　数罪并罚与假释

假释指的是对于被判处有期徒刑、无期徒刑的部分犯罪分子，认真遵守监规、接受教育改造、确有悔改表现、没有再犯罪的危险，经过执行规定的一定刑期刑罚之后，附条件地予以提前释放的制度。附条件指的是被假释的犯罪分子遵守规定条件，在假释考验期内没有违法犯罪行为，就认为原判刑罚已经执行完毕。倘若没有遵守规定条件，在假释考验期内被发现有违法犯罪行为，就收监执行原判刑罚乃至数罪并罚。根据《刑法》第 86 条的规定，数罪并罚与假释之间的关系主要有下列情形：其一，在假释考验期内，被假释的犯罪分子在假释考验期内又犯新罪的。其二，在假释考验期内，发现被假释的犯罪分子在判决宣告以前还有其他罪没有判决的。其三，假释考验期满后，发现被假释的犯罪分子在判决宣告以前还有其他罪没有判决的。其四，假释考验期满后，发现被假释的犯罪分子在假释考验期内又犯新罪的。

一、假释考验期内发现新罪的处理

根据《刑法》第 86 条第 1 款的规定，对于在假释考验期内，被假释的犯罪分子在假释考验期内又犯新罪的，应当先撤销假释，把前罪没有执行的刑罚和新罪所判处的刑罚，再依照《刑法》第 69 条的规定决定执行的刑罚。假如被判处无期徒刑的犯罪分子被假释后，在考验期限内又犯新罪并且新罪被判处有期自由刑，则应当决定执行原判的无期徒刑。但若新罪被判处死刑（含死刑缓期二年执行），原判无期徒刑就被后者所吸收，应执行死刑（含死刑缓期二年执行）。

关于被假释的犯罪分子在假释考验期内又犯新罪的，司法实务中还存在下列问题：

第一，犯罪分子被减刑后继续服刑，后被假释，在假释考验期内又有故意犯罪的，如何进行数罪并罚。例如，甲因犯诈骗罪于 2001 年 1 月 2 日被判处 12 年有期徒刑，服刑期间减刑 2 年，后在 2010 年 1 月 1 日被假释，在 2010 年 6 月 1 日又犯盗窃罪，应当被判处 2 年有期徒刑，对甲应当如何处理。

对此，应当按照《刑法》第 86 条第 1 款的规定，先撤销对甲的假释，把前罪没有执行的刑罚和所犯新罪所判处的刑罚，再依照《刑法》第 69 条的规定决定执行的刑罚。根据《减刑假释规定》以及《漏罪新罪意见》的规定，当犯罪分子被裁定减刑后，因被发现漏罪或者又犯新罪而依法进行数罪并罚时，经减刑裁定减去的刑期不计入已经执行的刑期。因而，对甲的减刑裁定减去的刑期 2 年有期徒刑不计入已经执行的刑期，甲的前罪没有执行的刑罚应当为 3 年有期徒刑，再与所犯新罪盗窃罪的 2 年有期徒刑并罚，决定执行的刑期。

第二，犯罪分子被判处有期徒刑并附加剥夺政治权利，后被假释，假释考验期内又犯新罪，对原判决中的附加剥夺政治权利如何处理。例如，被告人唐某 2009 年 7 月因犯盗窃罪被判处有期徒刑 7 年，剥夺政治权利 1 年，于 2014 年 7 月被裁定假释，假释考验期限自 2014 年 7 月 3 日起至 2016 年 7 月 2 日止。2015 年 10 月 2 日被告人唐某因犯信用卡诈骗罪被逮捕，后法院于 2016 年 2 月 3 日作出判决如下：撤销对被告人唐某予以假释的裁定。被告人唐某犯信用卡诈骗罪，判处 3 年有期徒刑，与前罪剩余刑期并罚，决定执行有期徒刑 4 年 6 个月，剥夺政治权利1年。

本书认为，上述对被告人唐某涉及剥夺政治权利的处理是不当的。根据《刑法》第58条的规定，附加剥夺政治权利的刑期，从徒刑、拘役执行完毕之日或者从假释之日起计算。被告人唐某剥夺政治权利的期限应当从假释之日起计算，即从2014年7月3日起，剥夺期限为1年，至2015年7月2日已经执行完毕，法院对其新罪的并罚中决定剥夺政治权利1年属于法律适用错误，应当予以纠正。对于被判处剥夺政治权利的犯罪分子而言，剥夺政治权利是实际客观状态的剥夺。①同时，根据《剥夺政治权利批复》的规定，剥夺政治权利附加刑的执行从新罪被判处有期徒刑后执行之日起停止计算，其他情形下仍属于执行过程，即使因新罪被侦查、羁押、公诉都不会影响原判决决定剥夺政治权利的执行。②由此可以进一步认为，《刑法》第86条第1款中"被假释的犯罪分子，在假释考验期限内犯新罪，应当撤销假释"的规定，实际上是针对主刑而言，剥夺政治权利的执行自假释之日已经开始计算，客观上已经执行而无法被撤销。

第三，犯罪分子被判处有期徒刑并处罚金，后被假释，假释考验期内又犯新罪，新罪应当被判处有期徒刑并处罚金，如何处理。例如，被告人林某2010年8月因犯盗窃罪被判处有期徒刑8年，并处罚金人民币3万元，2016年2月被法院裁定假释，假释考验期从2016年2月3日至2017年2月2日。2016年10月因犯盗窃罪被法院判决撤销假释的裁定。对被告人林某犯盗窃罪判处有期徒刑10个月，并处罚金3000元，与前罪剩余刑期并罚，决定执行有期徒刑2年4个月，并处罚金人民币3.3万元，已缴纳的罚金予以抵扣。后林某向检察机关申诉，提出其在前罪服刑期间，已将罚金3万元履行完毕，法院判决有误，并

① 冯娉娉、欧阳铭怡、韩卓韦：《假释考验期内又犯新罪，前后两罪附加刑均被处以剥夺政治权利的如何并罚》，《上海法学研究集刊》2019年第5卷，第55页。
② 谭尘：《假释考验期内犯新罪的刑罚适用若干问题》，《犯罪研究》2017年第5期。

依据错误判决委托执行机关对其执行财产刑,影响其在狱内的改造。经调查,被告人林某确实已履行了前罪的财产刑。

对于上述问题的处理,存在三种观点。观点一认为:罚金无需并罚;观点二认为:罚金刑也应当并罚;观点三认为:对假释考验期内再犯新罪的案件,依法应当查明前罪财产刑执行情况,再将未执行的部分与新罪的罚金刑进行数罪并罚。①本书认为,观点三的看法总体上更为妥当,但是其适用办法需要商榷。《刑法》第 86 条第 1 款对在假释考验期内犯新罪的并罚规定,当然也适用于假释考验期内犯新罪被并处罚金的并罚处理,但是对假释考验期内犯新罪被并处罚金的具体并罚,应当适用《刑法》第 69 条第 3 款的规定,对附加刑种类相同的罚金刑,合并执行,而不是适用《刑法》第 71 条"先减后并"的并罚规则。其原因是:主刑的执行与罚金的执行存在重大差别,被告人没有依照判决缴纳罚金的不能被认为是"前罪没有执行的刑罚",只能被认为是被告人违法不履行判决的行为,即使被告人"由于遭遇不能抗拒的灾祸等原因缴纳确实有困难的",也应当经人民法院裁定,才可以延期缴纳、酌情减少或者免除,否则也是违法不履行判决的行为,不能被认为是"前罪没有执行的刑罚",因而难以适用《刑法》第 71 条"先减后并"的并罚规则。

二、假释考验期内发现漏罪的处理

根据《刑法》第 86 条第 2 款的规定,对于在假释考验期内,发现被假释的犯罪分子在判决宣告以前还有其他罪没有判决的,应当按照《刑法》第 70 条规定的"先并后减"方法并罚。应当先撤销假释,把前罪判处的刑罚和所犯新罪所判处的刑罚,再依照《刑法》第 69 条的规定决定执行的刑罚,然后将已经执行的刑期从新判决决定的刑期之内予以扣除。

假如在假释考验期内,同时发现被假释的犯罪分子在判决宣告以

---

① 谭尘:《假释考验期内犯新罪的刑罚适用若干问题》,《犯罪研究》2017 年第 5 期。

前还有其他罪没有判决的,以及被假释的犯罪分子在假释考验期内又犯新罪的,理论上存在多种观点:第一,主张采取分别判决、顺序并罚的合并处罚方法。第二,主张先将漏罪的刑罚与新罪的刑罚按《刑法》第69条和第70条规定的方法依次合并处罚。第三,主张将原判之罪的刑罚与漏罪的刑罚及新罪的刑罚按《刑法》第70条规定的方法合并处罚,已经执行的刑期计入新判决决定的刑期内。第四,主张将新罪的刑罚与原判之罪未执行完的刑罚按《刑法》第71条规定的方法合并处罚,然后将此合并结果与漏罪的刑罚按《刑法》第69条规定的方法合并处罚,最终决定执行的刑罚。第五,主张将漏罪之刑罚和新罪的刑罚及原判之罪未执行的刑罚,按《刑法》第71条规定的"先减后并"的方法合并处罚。①本书认为,第一种观点"分别判决、顺序并罚说"更为合理,其他观点或者不符合刑法规定或者不当加重被告人责任,均不足取,详细理由与前述"刑罚执行中既发现漏罪又发现新罪的并罚"的理由基本一致。

三、假释考验期满后发现漏罪的处理

关于假释考验期满后,发现被假释的犯罪分子在判决宣告以前还有其他罪没有判决的处理,存在两种理论观点。第一种观点认为:"对于假释考验期满后,才发现被假释的犯罪分子在判决宣告以前还有其他罪没有判决的,应区别以下两种情况予以处理。1.假释考验期满后发现的漏罪与假释考验期内发现的漏罪,在本质上是相同的。若假释考验期满后发现的漏罪未超过追诉时效期限,一般应首先撤销假释,然后再依据《刑法》第70条的规定,对原判之罪与漏判之罪实行数罪并罚。2.若假释考验期满后发现的漏罪已超过追诉时效期限,则在撤销假释之后,仅继续执行原判之罪未执行的刑罚,不再实行数罪并罚。"②

---

① 赵秉志主编:《刑法争议问题研究》(上卷),河南人民出版社1996年版,第790页。
② 赵秉志主编:《刑罚总论问题探索》,法律出版社2003年版,第514页。

第二种观点认为:"假若在假释考验期满后,才发现被假释的犯罪分子在判决宣告以前还有其他罪没有判决的,不得撤销假释,只能对新发现的犯罪另行侦查、起诉、审判,不得与前罪并罚。"①

本书认为,后者观点更为合理。其理由主要是:首先,根据我国《刑法》第 85 条的规定,只要假释考验期满,就认为刑罚已经执行完毕。当假释考验期满后发现漏罪时,已经不符合假释适用过程中可以数罪并罚的条件。因此,假释考验期满后发现的漏罪与原判之罪不成立数罪关系,对该漏罪判处的刑罚应该单独执行,不应与原判之罪实行并罚。其次,假如将假释考验期满后,发现被假释的犯罪分子在判决宣告以前还有其他罪没有判决的,也作为数罪并罚处理,否定了假释制度存在的意义。适用假释的法定条件是"认真遵守监规,接受教育改造,确有悔改表现,没有再犯罪的危险的"。在假释考验期满的情况下,犯罪分子在假释期间没有违反假释规定,也没有做危害社会的违法行为,表明犯罪分子事实上已经完全符合"没有再犯罪的危险的"这一假释的实质条件。不能以发现被假释的犯罪分子在判决宣告以前还有其他罪没有判决作为理由来否定假释的合法性和有效性。

四、假释考验期满后发现新罪的处理

关于假释考验期满后,发现被假释的犯罪分子在假释考验期内犯新罪的处理,存在两种理论观点。第一种观点认为:"只要是在假释考验期内犯新罪,即使经过了假释考验期限后才发现新罪,也应当撤销假释,按照先减后并的方法实行并罚。"②第二种观点认为:"假释期间再犯新罪,但在假释考验期满后才被发现的,应以所犯新罪是否已过追诉时效期限为标准,决定对其是否适用《刑法》第 71 条的规定予以数罪并罚。"③

---

① 张明楷:《刑法学》(第五版)(上),法律出版社 2016 年版,第 629 页。
② 张明楷:《刑法学》(第五版)(上),法律出版社 2016 年版,第 629 页。
③ 赵秉志主编:《刑罚总论问题探索》,法律出版社 2003 年版,第 514 页。

本书认为,前者观点更为合理。其理由主要是:第一,所犯新罪是否已过追诉时效期限与是否需要撤销假释并依法予以数罪并罚,属于两个问题,不能混为一谈。判断所犯新罪是否已过追诉时效期限,是刑法总则对追究刑事责任的一般规定,通常是对单个犯罪追究刑事责任时适用的法律规则。而判断是否需要撤销假释并依法予以数罪并罚,则是涉及前后数个犯罪的刑事责任问题。当发现所犯新罪有的已过追诉时效的,即使不追究所犯新罪的刑事责任,也需要撤销假释,依照《刑法》第71条的规定予以数罪并罚。第二,《刑法》第86条明确规定:"被假释的犯罪分子,在假释考验期限内犯新罪,应当撤销假释,依照本法第七十一条的规定实行数罪并罚。"由此可见,只要被假释的犯罪分子在假释考验期限内犯新罪,不论新罪性质如何,不论新罪何时被发现,也不论假释考验期是否期满,都应当撤销假释,并依法予以并罚。

对此,有关司法案例也予以肯定。例如,原审被告人姚某1996年8月23日因犯强奸罪被某市中级人民法院判处无期徒刑,剥夺政治权利终身。2011年1月25日被假释(假释考验期限至2013年11月24日止)。2012年9月27日被某市人民法院以抢劫罪判处有期徒刑4年9个月,连同前罪尚未执行完毕的刑罚有期徒刑2年10个月,剥夺政治权利7年8个月零8天,决定执行有期徒刑7年,剥夺政治权利7年8个月零8天。服刑期间经三次裁定减去3年8个月刑期,后服刑期满,于2017年12月16日刑满释放。因又犯罪于2019年6月3日被逮捕,江苏省某市人民检察院抗诉认为:原审判决对原审被告人姚某的量刑适用法律错误,依据《刑法》第86条第1款、第71条的规定,被假释的犯罪分子在假释考验期内又犯新罪的,应当把前罪没有执行的刑罚和新罪判处的刑罚,实行数罪并罚。姚某在假释考验期内又犯抢劫罪,其上述经三次裁定减去的3年8个月刑期,根据《漏罪新罪意见》规定,应当作为前罪没有执行的刑罚,与新罪判处的刑罚实行数罪并罚。法院判决将减刑刑期计入前罪已经执行的刑罚,而未与新罪判处的刑罚实行数罪并罚,系错误计算前罪未执行的刑罚,适用法律错误,导致对原审被告人姚某量刑畸轻。再审法院认为,抗诉机关的抗诉理由成立,应予支持。根据《减刑假释规定》第32条第2款的规定,姚某在监狱服刑期间,两次减去其刑期共计1年5个月、剥夺政治权利改为1年的裁定,因本判决自动失效,由相关机关综合考虑各方面的因素依法处理。姚某2017年12月刑满释放后,附加刑剥夺政治权利1年已执行,应予以扣除。①

---

① （2019）苏11刑抗4号刑事判决书。

代结语：数罪并罚的完善展望论

就刑法立法而言，数罪并罚部分可以说是刑法中着墨最多的量刑制度规定，立法者对数罪并罚的重视可见一斑。对此，也可以从《刑法修正案（八）》和《刑法修正案（九）》连续修改数罪并罚制度，发现更多端倪。然而，数罪并罚制度仍然存在较多需要改进完善的地方，需要从司法适用、立法修改、立法新增制度三个方面进行完善。由于《刑法修正案（八）》和《刑法修正案（九）》对数罪并罚制度的修改距今不过数年，短期内难以再次启动对数罪并罚制度的立法修改，因而可以考虑先易后难的完善办法，首先要考虑从司法适用角度对数罪并罚的完善，其次在更长远的未来考虑对数罪并罚制度的立法修改和新增规定，其完善难度呈逐渐递增趋势。

一、数罪并罚的司法适用完善建议

（一）对有期徒刑并罚的司法适用完善建议

在不修改现行《刑法》第69条的情况下，需要严格以罪刑均衡原理为指导，对《刑法》第69条第

1款有关有期徒刑并罚的司法适用进行完善，主要建议如下：

当司法个案决定执行的刑期发生在总和刑期的临界幅度内，尽量充分考虑总和刑期的构成与决定执行的刑期的比例关系，尽量防止总和刑期增加1年而导致决定执行的刑期增加数年的情况。

当犯罪分子实施十几项罪行，并且每项罪行量刑都只能判处有期徒刑时，有期徒刑总和刑期远远超过35年的，尽量避免出现有期徒刑总和刑期与并罚刑期上限之间的量化关系明显不协调的状况。

当犯罪分子在刑罚执行期间发现漏罪或者在犯新罪的并罚时，根据案情情况，尽量不判决有可能造成罪刑失衡的不同种有期自由刑，避免出现剩余刑期较短的有期徒刑吸收刑期较长的拘役的现象。

（二）不同种有期自由刑并罚的司法适用完善建议

建议通过个案处理中适用比例折算说的办法，推进不同种有期自由刑并罚的司法适用完善。即数罪中有判处有期徒刑和拘役的，将拘役依照14/15的比例折算为有期徒刑，再进行并罚后，决定执行有期徒刑。管制不予折算，数罪中有判处有期徒刑和管制，或者拘役和管制的，有期徒刑、拘役执行完毕后，管制仍须执行。

二、数罪并罚的立法修改完善建议

（一）建议修改现行《刑法》第69条对有期徒刑并罚的分档规定

建议将现行《刑法》第69条对有期徒刑并罚上限的分两档规定修改不分档的统一上限规定，即修改为：判决宣告以前一人犯数罪的，同时宣告数个有期徒刑、数个拘役或者数个管制的，应当在总和刑期以下、数刑中最高刑期以上，酌情决定执行的刑期，但是管制最高不能超过三年，拘役最高不能超过一年，有期徒刑最高不能超过二十五年。该修改建议既考虑到刑法上限的现实存在，又考虑到有期徒刑并罚上限分两档的弊端，能够实现两者之间的均衡。

（二）建议修改现行《刑法》第69条对不同种有期自由刑并罚的处理规定

在条件成熟的情况下，建议将现行《刑法》第69条对不同种有期自由刑并罚的规定修改为比例折算法的模式,即修改为:判决宣告以前一人犯数罪的,或者判决生效以后,刑罚执行完毕以前,发现被判刑的犯罪分子在判决生效以前还有其他罪没有判决的,或者判决生效以后,刑罚执行完毕以前,被判刑的犯罪分子又犯罪的,对判决宣告有期徒刑、拘役的,拘役需折算为有期徒刑,决定执行有期徒刑。判决宣告中有管制的,仍需执行。

（三）建议将现行《刑法》第 70 条、第 71 条中的"判决宣告",修改为"终审判决宣告"

建议将现行《刑法》第 70 条修改为:终审判决宣告以后,刑罚执行完毕以前,发现被判刑的犯罪分子在终审判决宣告以前还有其他罪没有判决的,应当对新发现的罪作出判决,把前后两个判决所判处的刑罚,依照本法规定,决定执行的刑罚。已经执行的刑期,应当计算在新判决决定的刑期以内。

建议将现行《刑法》第 71 条修改为:终审判决宣告以后,刑罚执行完毕以前,被判刑的犯罪分子又犯罪的,应当对新犯的罪作出判决,把前罪没有执行的刑罚和后罪所判处的刑罚,依照本法规定,决定执行的刑罚。

三、数罪并罚的立法新增制度完善建议

（一）建议刑法新增有期自由刑执行的最小单位为日的明确规定

如果立法机关对《刑法》第 69 条有关拘役和有期徒刑的并罚修改为本书建议的比例折算法,同时建议刑法新增有期自由刑执行的最小单位为日的明确规定。依照比例折算法的处理,拘役折算为有期徒刑时,折算后的刑期通常不是以月为单位的整数刑期,而是存在非整数的以月为单位的刑期,实际上可折算为最小单位为日的刑期。根据我国现行刑法的规定,刑期执行的最小单位为月,两者之间存在不协调。建议在我国《刑法》第 33 条增加一款:"除本法另有规定的以外,刑罚可按日决定执行。"

（二）建议刑法中新增对死刑、无期徒刑并罚，以及剥夺政治权利并罚的明确规定

建议新增如下规定：

判决生效以前一人犯数罪的，应当对数罪分别定罪、分别宣告刑罚后，按照下列规定实行并罚：

（一）宣告数个死刑或者宣告刑罚中有死刑的，执行一个死刑。

（二）宣告数个无期徒刑或者宣告刑罚中有无期徒刑的，执行一个无期徒刑。

（三）宣告数个剥夺政治权利终身或者宣告附加刑中有剥夺政治权利终身的，执行一个剥夺政治权利终身。宣告数个有期限的剥夺政治权利的，应当在数个有期限的剥夺政治权利中最高刑期以上，数个有期限的剥夺政治权利总和刑期以下，决定执行的刑期，但是最高不能超过10年。

（四）判决中宣告有附加刑的，附加刑仍须执行。

参考文献

一、著作及译著类

1. 刘宪权:《刑法学名师讲演录》(第 2 版),上海人民出版社 2016 年版。

2. 张明楷:《刑法学》(第五版),法律出版社 2016 年版。

3. 梁根林:《刑罚结构论》,北京大学出版社 1998 年版。

4. [英]J.C.史密斯、B.霍根:《英国刑法》,李贵方译,法律出版社 2000 年版。

5. 周光权:《法定刑研究——罪刑均衡的建构与实现》,中国方正出版社 2000 年版。

6. [美]本杰明·卡多佐:《司法过程的性质》,商务印书馆 2002 年版。

7. 阮齐林:《中国刑法上的量刑制度与实务》,法律出版社 2003 年版。

8. 谢望原:《欧陆刑罚制度与刑罚价值原理》,中国检察出版社 2004 年版。

9. [意]杜里奥·帕多瓦尼:《意大利刑法学原理(注评版)》,中国人民大学出版社 2004 年版。

10. 齐文远、周详:《刑法、刑事责任、刑事政策研究》,北京大学出版社 2004 年版。

11. 吴平:《数罪并罚论》,中国政法大学出版社 2011 年版。

12. 吴振兴:《罪数形态论》,中国检察出版社 2006 年版。

13. 张明楷:《外国刑法纲要》(第 2 版),清华大学出版社 2007 年版。

14. 甘添贵:《罪数理论之研究》,中国人民大学出版社 2008 年版。

15. 黎宏:《日本刑法精义》(第 2 版),法律出版社 2008 年版。

16. 臧东斌:《量刑的合理性与量刑方法的科学性》,中国人民公安大学出版社 2008 年版。

17. [美]约翰·罗尔斯:《正义论》,何怀宏等译,中国社会科学出版社 2009 年版。

18. 石经海:《量刑个别化的基本原理》,法律出版社 2010 年版。

19. 黎其武:《量刑公正论》,法律出版社 2011 年版。

20. 林山田:《刑法通论》(增订 10 版),北京大学出版社 2012 年版。

21. 储槐植、江溯:《美国刑法》(第 4 版),北京大学出版社 2012 年版。

22. [德]克劳斯·罗克辛:《德国刑法学总论(第 2 卷):犯罪行为的特别表现形式》,王世洲等译,法律出版社 2013 年版。

23. [德]乌尔斯·金德霍伊泽尔:《刑法总论教科书》,蔡桂生译,北京大学出版社 2015 年版。

24. [德]格拉德·韦勒、弗洛里安·耶斯伯格:《国际刑法学原理》,王世洲译,商务印书馆 2017 年版。

25. [德]赫尔穆特·查致格:《国际刑法与欧洲刑法》,王士帆译,北京大学出版社 2017 年版。

26. 陈子平:《刑法总论》(第 4 版),元照出版有限公司 2017 年版。

27. [日]山口厚:《刑法总论》(第 3 版),付立庆译,中国人民大学出版社 2018 年版。

28. 林东茂:《刑法总则》,一品文化出版社 2018 年版。

29. 林钰雄:《新刑法总则》(第 6 版),元照出版有限公司 2018 年版。

30. 陈兴良:《走向规范的刑法学》,北京大学出版社 2018 年版。

31. 邱兴隆:《刑罚理性导论》,中国检察出版社 2018 年版。

32. 邱兴隆:《刑罚理性泛论》,中国检察出版社 2018 年版。

33. 邱兴隆:《刑罚理性辩论》,中国检察出版社 2018 年版。

34. 邱兴隆:《刑罚理性评论》,中国检察出版社 2018 年版。

35. 孟庆华:《数罪并罚适用与比较》,中国人民公安大学出版社 2012 年版。

二、编著类

1. 高憬宏主编:《减刑、假释的法律适用与司法实践》,人民法院出版社 2005
   年版。

2. 赵秉志主编:《死刑制度之现实考察和完善建言》,中国人民公安大学出版社
   2006 年版。

3. 赵秉志主编:《刑罚总论问题探索》,法律出版社 2003 年版。

4. 赵秉志主编:《刑法争议问题研究》(上卷),河南人民出版社 1996 年版。

5. 朱汉民、陈松长主编:《岳麓书院藏秦简(叁)》,上海辞书出版社 2013 年版。

6. 杨春洗主编:《刑事政策论》,北京大学出版社 1994 年版。

7. 何秉松主编:《刑事政策学》,群众出版社 2002 年版。

8. 肖扬主编:《中国刑事政策和策略问题》,法律出版社 1996 年版。

9. 林准主编:《中国刑法教程》(修订本),人民法院出版社 1994 年版。

10. 高铭暄、马克昌主编:《刑法学》(第八版),北京大学出版社、高等教育出版
    社 2017 年版。

11. 梁根林主编,车浩、江溯副主编:《当代刑法思潮论坛(第三卷):刑事政策与
    刑法变迁》,北京大学出版社 2016 年版。

12. 全国人大常委会法制工作委员会刑法室编,李淳、王尚新主编:《中国刑法
    修订的背景与适用》,法律出版社 1998 年版。

13. 陈兴良主编:《犯罪论体系研究》,清华大学出版社 2005 年版。

14. 陈兴良主编:《刑法总论精释》(下)(第三版),人民法院出版社 2016 年版。

15. 翟中东主编:《刑种适用中疑难问题研究》,吉林人民出版社 2001 年版。

16. 马克昌主编:《刑罚通论》,武汉大学出版社 1999 年版。

17. 萧榕主编:《世界著名法典选编·刑法卷》,中国民主法制出版社 1998 年版。

18. 谢望原主编:《台、港、澳刑法与域外刑法比较研究》,中国人民公安大学出版社 1998 年版。

19. 杨春洗等主编:《中国刑法论》,北京大学出版社 1994 年版。

20. 喻伟主编:《量刑通论》,武汉大学出版社 1993 年版。

21. 王作富主编:《刑法》,中国人民大学出版社 2011 年版。

三、杂志类

1. 石红卫:《非同种主刑数罪并罚初探》,《当代法学》2000 年第 3 期。

2. 刘选:《限制加重原则中的估堆量刑及救治》,《河北法学》2003 年第 4 期。

3. 赵廷光:《罪刑均衡论的兴衰与罪责刑均衡论的确立》,《山东公安专科学校学报》2003 年第 4 期。

4. 肖鹏:《试论数罪并罚的根据——兼论我国数罪并罚制度的缺陷及完善》,《政法学刊》2004 年第 2 期。

5. 卢建平、叶良芳:《重罪轻罪的划分及其意义》,《法学杂志》2005 年第 5 期。

6. 单晓华:《数罪并罚原则探析》,《沈阳师范大学学报(社会科学版)》2005 年第 6 期。

7. 陈立:《数罪并罚成立范围之立法探讨》,《法学》2005 年第 10 期。

8. 余芳:《考量我国刑法中的数罪并罚原则》,《云南大学学报(法学版)》2006 年第 1 期。

9. 刘荣贵:《犯不同种数罪,判处不同种主刑该如何并罚》,《人民检察》2006 年第 18 期。

10. 刘瀚阳:《数罪并罚制度与罪责刑相适应原则》,《行政与法》2006 年第 S1 期。

11. 刘志洪:《并科原则扩展论》,《法学杂志》2008 年第 5 期。

12. 刘志洪:《宽严相济的刑事政策研究》,《当代法学》2008 年第 1 期。

13. 刘志伟:《数罪并罚若干争议问题研讨》,《法学杂志》2009 年第 4 期。

14. 田兴洪:《轻重犯罪划分新论》,《法学杂志》2011 年第 6 期。

15. 张明楷:《数罪并罚的新问题》,《法学评论》2016 年第 2 期。

16. 孙道萃:《以刑制罪的知识巡思与教义延拓》,《法学评论》2016 年第 2 期。

17. 张建军:《我国异种自由刑并罚原则的反思与重构》,《法学杂志》2017 年第 9 期。

18. 李世阳:《刑法中行为论的新展开》,《中国法学》2018 年第 2 期。

19. 付立庆:《以刑制罪观念的展开、补充与回应——兼与叶良芳教授等否定论者商榷》,《东南大学学报(哲社版)》2018 年第 4 期。

四、文集类

1. 李希慧、刘宪权主编:《中国刑法学年会文集(2005 年度)刑罚制度研究(下册)》,中国人民公安大学出版社 2005 年版。

2. 朗胜等主编:《刑法实践热点问题探索》(中国刑法学年会文集 2008 年度下卷),中国人民公安大学出版社 2008 年版。

3. 刘明祥主编:《马克昌教授八十华诞祝贺文集》,中国方正出版社 2005 年版。

图书在版编目(CIP)数据

数罪并罚制度理论与实践新论 / 张俊英著. -- 上海 ：上海人民出版社，2025. -- ISBN 978-7-208-19554-7

Ⅰ. D924.134

中国国家版本馆 CIP 数据核字第 20252BT258 号

责任编辑 夏红梅
封面设计 夏　芳

数罪并罚制度理论与实践新论

张俊英 著

出　版	上海人民出版社	
	（201101　上海市闵行区号景路 159 弄 C 座）	
发　行	上海人民出版社发行中心	
印　刷	上海新华印刷有限公司	
开　本	890×1240　1/32	
印　张	6.75	
插　页	2	
字　数	165,000	
版　次	2025 年 9 月第 1 版	
印　次	2025 年 9 月第 1 次印刷	

ISBN 978 - 7 - 208 - 19554 - 7/D・4512

定　价　48.00 元